黄金時代のつくり方
あの頃の西武はなぜ強かったのか

伊東 勤

ワニブックス
PLUS新書

はじめに

２０２４年3月16日、ベルーナドーム（西武ドーム）。この日、西武ライオンズの歴史上、初のＯＢ戦「西武ライオンズＬＥＧＥＮＤ ＧＡＭＥ ２０２４」が行われ、満員の2万７７９５人の観客でスタンドが埋め尽くされました。

最年長80歳の土井正博さんはじめ、チームＬＩＯＮＳの監督を務めた東尾修さん、チームＳＥＩＢＵの監督を務めた田淵幸一さんら、西武ライオンズ黄金時代をともにした先輩たち、仲間たち、後輩たち、そして黄金期のあとでライオンズを支えた「若手」たち、総勢63人が集まりました。

ファンのみなさんには大いに楽しんでいただいたようですが、私たちＯＢも初めての企画に、まるで同窓会のような感覚で楽しい一日を過ごしました。

年長の先輩たちからは、「もっと早くやってくれたら、もっと野球が楽しめたのに」という声が上がっていましたが、本当にそのとおりだと思いました（笑）。

とはいえ、西武ライオンズのOBたちが集まり、旧交を温め、昔話に花を咲かせる機会ができたことは、たとえ遅すぎたとしてもうれしいことでした。

なんといっても、西武ライオンズは、1980年代から1990年代にかけて、それまで日本プロ野球の盟主だった読売ジャイアンツをしのぐ強さで「黄金時代」を築いたのですから。

特に私にとってこのOB戦は、重大な意味を持った出来事でした。

現役選手として22年、引退してすぐに監督に就任して4年。合わせて26年もの長い間お世話になった西武ライオンズでしたが、監督としての最終年は、成績不振や意見の相違から、球団フロントとの関係をこじらせて退団していました。

その後は、他球団で監督やコーチを務めたこともあり、もはや「西武ライオンズの伊東」というイメージも薄れ、このまま永久に縁が切れてしまうのだろうかと、少し寂しく思っていました。

でも、あれからもう17年。私には、なんのわだかまりもありません。OB戦担当の職員の方が来て、「伊東さんに出てもらわないとOB戦は始まらない」と言ってもらい、喜んで参加しました。

かつての先輩や仲間たちと同じ時間を過ごして、昔話に花を咲かせて、気持ちは大いにほぐれました。

ありがたいことに、私には「西武黄金期の正捕手」「常勝西武の司令塔」といった〝まくらことば〟があります。

元プロ野球選手にとっては、監督やコーチといった指導者になるにせよ、テレビやラジオで野球中継の解説をするにせよ、新聞や雑誌で記事を書くにせよ、わかりやすいキャッチフレーズやまくらことばがあるのは大きなメリットです。

西武黄金期の正捕手——。

もちろんそれは単なるイメージコピーではなく、事実をともなうものです。だからこそ、指導者としての私に、あるいは解説者としての私に、多くの方が期待してくれるのでしょう。本当にありがたいことです。

本書では、そんな仲間たちや指導者たちと一緒に築き上げた「西武ライオンズ黄金時代」について、あらためて語ろうと思います。

私たちが心血を注いだ「西武ライオンズ」とはどんなチームだったのかを、余すことなく語ろうと思います。

単に歴史的事実を並べるだけでなく、新人選手として、若手選手として、中心選手として、ベテラン選手として、そして監督として――。一時代を築いたチームで何を見てきたのか。

そしてそのチームを去ったあと、「西武黄金期の正捕手」として何をしてきたのか。期待に応えることはできたのか。これから何をしていくのか。

それを語ることで、これからの日本プロ野球が、そして日本から生まれる野球選手たちが築き上げる新時代が、黄金のように輝く助けになれば、こんなにうれしいことはありません。

伊東　勤

目次

第二章 森監督時代のライオンズ

第四章　新たなる黄金時代を求めて……141

第一章　広岡達朗監督が築いた黄金時代の礎

「広岡管理野球」には感謝しきり

唐突ではありますが、あらかじめ言っておきますと、これから西武ライオンズ黄金期を築いた広岡達朗監督の管理野球についていろいろと綴《つづ》る中で、何か広岡さんに対して否定的な印象を持たれるかもしれません。

でも、私は本当に広岡さんには感謝しております。若いうちに体づくりの基本を叩き込んでくれたこと、レベルの高い野球を目指すために必要な練習を教えてくれたこと、これらは、私がその後の長い間、野球選手として、また野球指導者、そして解説者として生きていく上で、大いに役に立ちました。

そして、強いチームで野球ができたことで得られたものは私の財産になっています。そのことだけははっきり書いておきます。

さて、歴史として西武ライオンズ黄金時代を語る場合、初代監督の根本陸夫さんがプロ野球チームの「現場」を用意し、そこに広岡達朗監督が「ドジャース野球」にルーツがある読売ジャイアンツＶ９時代のノウハウをつぎ込んだという言い方がされます。私も今現在は、まさにそのとおりだと思っています。

ただ、根本監督時代の最終年に、球団職員兼練習生として西武ライオンズの寮に入り、広岡監督時代1年目にプロ野球選手としてデビューした私にとって、その歴史はもっと生々しくリアルなものでした。

当時から大きな話題になりましたし、その後も多くの人が語ってきたことなので、ご存じの方も多いと思いますが、広岡さんはキャンプインと同時に、選手が食べるもの、飲むものを徹底的に管理しました。

チームをつくる上で、みんなが1年間通して同じ戦略で戦えるかどうかを一番重視する監督でした。そうなったとき、ケガをしない体、夏にバテない体というのを第一に考えたのだと思います。

食事会場の土瓶の中にはビールが入っていた

昔はアスリートとは思えない、不摂生極まりない選手ばかりのチームもあったんです。

毎晩のように朝方まで深酒するなんてことも普通にあった時代でした。

広岡さんは、まずそれを改善しようと、大なたを振るいました。

我々が入寮した直後は、普通に冷蔵庫の中には炭酸飲料、果汁飲料、牛乳とかが入っていて、肉や魚も特に意識することなく食べていました。

それがすっかり変わってしまいました。飲み物は豆乳がメイン。そして最も衝撃的だったのが、白米が玄米に置き換わったことでした。

今でこそ健康にいいと多くの人が愛好する玄米ですが、その当時の悪評は大変なものでした。七分づき、八分づきくらいだったのだと思いますが、かなり茶色い印象がありました。

慣れていないのもあって、うまく消化できず、胃腸の調子が悪くなる人も多かったですね。

そこへ追い打ちをかけるように、キャンプの食事では肉が出ません。これもまた多くの選手たちから反発されていました。今ではアスリートが良質のタンパク質として肉類を食べることは奨励されますが、当時、広岡さんが支持した説だと、「動物性タンパク質は良くない」ということだったのです。

「厳しい練習をやって疲れた体に野菜ばかりじゃ力が出ない」

食事は、プロ野球選手にとって楽しみのひとつですから、それを絶たれて、特にベテラン選手たちがすごく反発していました。

キャンプでの食事で、今でもよく覚えていることがあります。

もちろんタバコもダメだし、酒もダメ。でも食卓の真ん中にある、お茶が入っているはずの土瓶にビールが入っていて、それを湯飲みに注いでベテランたちが飲んでいたんです。

おそらくですが、さすがに首脳陣もわかっていて、黙認していたんだと思います。おそらくですが。

寮生はつらいよ

食事に関しては本当にきつかった思い出ばかりです。玄米食ばかりのときは、もう白米が食べたくて、頭の中に浮かんで仕方がなかったです。

たとえば、キャンプからオープン戦に入るといろいろな場所を移動しますが、目的地ではなく、途中の通過点で泊まる場合もあります。そのホテルに対しても、絶対に白米を出すなと指示が出ているんです。こういうメニューにしてくれと、マネージャーが連絡している。

でも時々、その指示が間に合わない場合があるわけです。玄米をうまく炊く釜がない場合もありました。それで白米が用意されているんですが、それを食べることさえ許してもらえない。もう、すぐに撤収です。

地方の球場で弁当を用意してくれることも多いのですが、絶対ダメです。わざわざ規定の弁当を作らせるんです。作れるようなところがないときは玄米パンになってしまいます。プラス、野菜スティックや野菜スープ。そんなことばかりでした。本当に食べることに関しては徹底されていました。

シーズンが始まってしまえば、自宅の人は自由です。家族があったり、独身でもひとり暮らししている人たちは、家に帰ってしまえば何を食べようと規制はありません。でも、我々寮生はしっかり管理されたままです。

私は入団前の1年間は練習生として、その後は広岡さん時代の3年間、まるまる寮にいました。そこで同じ苦労をした寮生メンバーがのちに主力になっていきます。

同学年、同じ熊本県出身の秋山幸二もそのひとりです。

寮の中庭で秋山幸二と日本刀を振る

私がいた熊本工業は熊本市内にあり、秋山の八代高校は少し遠かったので、普段はあまり試合をすることがありませんでした。

3年の春の大会で初めて対戦しました。その年は、優勝すれば沖縄で開催される九州大会に行けるというので、張り切っていました。熊本工業はベスト4まで勝ち上がって、見渡してみると他の強豪チームはすでに敗退。これは間違いなく沖縄に行けると思ってウキウキしていたのですが、準決勝で油断して負けてしまいました。その相手が、秋山の八代高校でした。

そこまで対戦がなくて、初めて秋山という選手がいると知ったぐらいでした。ちなみに八代は決勝で負けてしまい、やはり沖縄には行けなかったのですが。

3年の夏の大会では、秋山の八代と決勝で戦い、熊本工業が勝って甲子園に出ました。今考えてもピッチャーとしては飛び抜けていたわけではないと思うのですが、バッターとしての三拍子揃った能力はすごかった。

話を西武の寮生時代に戻します。寮では夜でも練習させられていました。西武の寮は、両端に部屋があって、真ん中に人工芝の中庭がありました。

その寮には首脳陣が泊まることもありました。シーズンに入ると、家の遠い人が泊まり込みで来るのです。広岡さんも泊まることが多かったですね。

そんなとき、中庭で日本刀を振らされました。藁《わら》の束をいくつか持ってきて、水に湿らせて立てたり、横にしたりします。それを日本刀で斬るのです。

綺麗に入ったときには、切り口がスパッと切れるのですが、少しでも余分な動きが入ったり、間違った動きをすれば、途中で止まったり、切り口が悪かったりで、うまく斬れません。

刀身がしなり、振り抜く感じが、バットがボールを捉える瞬間の感覚に近いんですね。その感覚を学ばせたいという意図があったと思います。

昔、王貞治さんがこの練習をしていたことは知っていましたから、頑張りました。それをよく秋山とふたりでやっていました。

入団は秋山が1年先ですが、歳が同じで、同じような時期に一軍に上がって、大体同じように成長していきました。ふたりとも同じように期待されていたとも思います。

同郷で仲良くしていました。ただ、秋山は外野手、私はキャッチャーとポジションが違うと、やはり練習では行動が別々になりますし、自然と方向性が違っていきました。決して仲は悪くなかったですし、やっぱり同学年、同郷ですから、いろんな意味でライバルというか、とにかく意識はする人物でした。

同じ時期に同じ体験をして、ふたりとも本当に体が丈夫だったと思います。

私は２００３年まで22年間、秋山も２００２年まで22年間、現役を続けることができました。

熊本の大自然に鍛えられたのもありますが、やはり若手時代の西武の鍛え方、そして広岡さんが指導してくれた体にいい食べ物が良かったのだと思います。

黄金期主力の体は広岡イズムの成果

とはいえ、先輩方の反発はかなり激しく、喧嘩《けんか》になる寸前の状況までありました。やりそうな雰囲気はあったのですが、結局は裏で文句を言うだけで実際の行動には移しませんでした。

先輩たちは納得しないままでしたが、だんだんと時が経つにつれて、様子が変わっていきました。他のチームでは夏場になるとケガで離脱する選手が多くなる中で、当時の西武は故障者が出なくなっていました。戦力的にダウンすることなく、シーズンを走りきって、勝ちまくってみると、やはり食事が良かったのかもしれないと、みんなが思うようになっていました。

加えて、ただ制限するだけではなく、理屈を説明してくれたのも良かったと思います。疲れたときのバカ食いはかえって消化吸収に悪いとか、暑いときに冷たいものを摂取しすぎると疲れるとか、体力勝負だからといって肉ばかり食べていると疲労が回復しない、ケガが治りにくい体質になるとか……いろいろと誤った知識を改め、正しい知識を教えてくれるようなことがありました。

確かに、ケガをした選手たちが肉ではなく魚と野菜を中心とした食事にしたところ、思いのほか早く復活できたということもありました。とにかく、体力的に夏にバテる人が少なかったです。こうして、広岡監督の4年間で西武ライオンズの食生活はがらりと変わりました。

ただ、首脳陣が率先して、そういう健康的な食生活をしていたかというと、まったくそうではありませんでした。節制が必要なのはあくまでも選手。

監督、コーチ陣は、寿司屋に行った、焼肉屋に行った、カラオケに行ったと、なんの制限もなかったようでした。でも、選手には「選手生活を長くしたいなら、しっかりやれ」とずっと言っていました。

オフに入ると、結婚している選手の奥さんを呼び、栄養士を招いて、食事や栄養の勉強会をやっていました。こういうものを食べさせてくれとか、野球選手にはこういう食事が適しているとか……。過去、他の球団ではやっていなかったと思います。

今でこそ、栄養指導をするチームもあるようですが、当時、オフにそういった勉強をするのは画期的でした。

体が資本というところを徹底していたとも言えますし、それから他の人があえてやらないところまで、いいと思うことは徹底的にやらせたことが大きな差を生んだように思います。

広岡さんが辞めたあとは、森祇晶《まさあき》さんが後任として監督を務めました。管理野球は継承していましたが、こと食べ物に関しては、好きなものを食べて良いということになりました。

それは大変な解放感がありました。その他の生活や野球に関しての管理は変わらなくとも、食べ物が自由になっただけで、広岡さんに比べたら全然楽でした。

一方、森さんに代わっても「広岡イズム」というようなものは浸透していました。みんな土台からしっかりとつくってもらっていたのです。その当時若かった選手たちが、西武黄金期と呼ばれる時代の主力になっていったわけですから。

私も、現役を終えて監督になったときに初めて「ああ、こういうことだったんだな」と、指導する側になってわかりました。

のちに広岡さんにお会いしたときも、当時、いろいろ教えていただいたことを参考に選手たちに指導をしていますと、話をしたことがあります。

時間管理も厳しく

広岡さんが築いた礎は、食生活だけではありませんでした。チームを運営していく上での規律については、厳しく指導していました。ただ、それが何か特別なものだったかというと、そういうことではなく、学生やアマチュアの強豪チームであれば当たり前のことではなかったかと思います。とにかく、シーズン中は野球に集中するというのが貫かれていました。

ただ、プロは職業ですから、個人が自分の人生を切り拓いていかなければいけない中で、すべて管理されるままではいられないと思う瞬間がどうしてもあるわけです。そこが難しいところです。

たとえば、時間の管理も大変厳しく、罰金制度が導入されていました。今はそういったことは許されていないと思いますが、当時は罰金があるチームも少なくなかったと思います。

たとえば、バスの出発時刻が3時だとしたら、ベテランでも2時50分には乗っていました。そうなると、我々若手はそれより前にいないといけませんから、2時40分には乗っていました。それが、ベテランと同じような時間になろうものなら、きつい目で見られました。もちろん、遅刻する選手はいません。

さすがに首脳陣はそこまで前もって来ることはありませんが、バスが定刻から遅れて出るということはあり得ませんでした。

圧のある監督

広岡さんの管理方法には決まりがあって、必ず担当コーチやマネージャーを通して指示を出していました。

私も4年間お世話になりましたが、最初の3年間は、世間話のような会話をしたことは一度もありませんでした。野球の技術、バッティングやスローイングの形だとか、そういう指導は受けましたが、それだけでした。

そして、笑わない人でした。なので、近くに来るだけで何かすごく「圧」がありました。『がんばれ‼　タブチくん‼』というアニメで、ヒロオカさんというキャラで登場していましたが、まさにそんな感じで、空気がひんやりしていました。

高知の春野でキャンプをしていたのですが、当時はまだ室内練習場がなくて、雨が降ったときはメイン球場の脇にある狭いブルペンで投球練習をしていました。広岡さんは、投げているピッチャーのすぐ横に立って見ているんです。

私にとっては、それがものすごいプレッシャーでした。「そこに広岡さんがいる」っていうだけでダメなんです。

ピッチャーに返球するとき、もし抜けてしまって広岡さんに当たってしまったらと考えると、もう縮こまってピッチャーのところへ投げられません。引っかけてワンバウンドで返したりして、危うくイップスになりかけました。

「お前、なんだ、肩が痛いのか?」って広岡さんに聞かれ、「いや、あんたがそこにおるからやろ!」と言いたかったのですが、言えるはずはありません。

とにかく、プレッシャーをかける監督でした。

今も生きるキャンプでの短時間ランチ

自分がプロ野球選手として長い間活躍できた基礎をつくってくれた恩人であるのと同時に、苦しめられたという思いも残っている広岡さんは、間違いなく私にとって、最も大きな影響を与えた指導者です。

合理的なアイデアマンでもありました。キャンプでは「バッティング回り」と称して、時間を区切って、打撃練習、バント練習、ティーバッティングなど、いろいろな練習を交代で回っていきます。広岡さんは、昼食時間をその練習項目のひとつに入れてしまいました。

キャンプ中は一斉に昼食休みをとるのが主流なのですが、それだと昼食と食休みでいったん完全に切れてしまい、午後の練習開始時に動けないということになりやすかったんです。

そこで、練習項目と同じ扱いで、短時間のうちに交代で野菜スティックや玄米パンなど、軽食を少しだけ腹に入れて、本格的な食事は練習が終わったあとにするという方法にしたわけです。

やはり、当初は選手たちから評判が悪かったのですが、実際には練習の効率が上がるので、悪くないという評価になっていきました。食堂はずっと開いていましたから、2時や3時で練習を切り上げるのなら、それから食べればいいわけです。夕方まで残ってやる人も、途中でもう一回、何かを食べてやったらいいだけのことです。

食事の内容はともかく、広岡監督から森監督になっても、あるいはその後もずっと、西武は交代ランチのスタイルでした。

そして、のちに私がロッテで監督を務めたときも、そのスタイルを導入しました。

食にまつわる球団事情

キャンプでの昼食のスタイルはチームごとにいろいろ。ここでちょっと脱線してしまいますが、シーズン中、遠征時のホテルで出る夕食にもチームごとの「食に対する考え方」が出るという話をしようと思います。

私の場合は、まず広岡時代の白米&肉禁止から始まったものの、森さんの時代以降は、遠征先のホテルではおいしい食事が待っていました。どこの球団もビュッフェスタイルなのは一緒だと思いますが、西武の場合はマネージャーが先に内容をチェックして、試食をして、人気のありそうなもの、あまりなさそうなものを見極めて、量の調整をしてもらったり、内容を変えてもらったりして、選手たちが満足できるように準備をしていました。

ロッテの場合は、金田正一さんが監督だった時代から「選手にはいいものを食べさせろ」という方針が徹底されていて、管理栄養士のチェックのもと、栄養も見た目も、もちろん味もしっかりした食事が用意されていて、素晴らしかったです。

一方、驚いたのが中日でした。心の底からガッカリするくらい内容が悪かったんです。選手たちは、そういうものだと思っているらしく、ほとんどの選手は会場をチラッと見て、やっぱり食べるものがないなと外へ出かけてしまいます。ひどいケースでは、コンビニで何かを買ってきて、部屋で食べている有様。これには本当にびっくりしました。

つまり、ホテルの食事内容が悪いから、みんな食べない。用意しても食べないから、いいものを出さないという、どうしようもない悪循環になり、その結果、栄養を補給しなければいけないアスリートであるプロ野球選手が、コンビニ弁当で夕食を済ますという、残念なことになってしまっていたんです。

こうしたことが今までずっと続いていたというのが、また問題だと思いました。改善しなくてはいけないと、声をあげる人もいなかったのかと。

私は、あまりひどいものが出ているときは、係の人を呼んで、「ちょっとこれ食べてみてください」と、試食してもらいました。どう考えても、ホテルの食事会で出すような食材ではないのは、食べればすぐにわかってもらえました。係の人は、申し訳なさそうにしていました。

中日コーチ時代に、ずいぶんとホテルの食事は改善したと思いますが、相変わらず選手たちは、ほとんどが外出していました。このあたりは、チームが食生活をどの程度重視しているか、選手への注意喚起をしているかの問題だと感じました。

徹底した反復練習を休みなしで

広岡さんの野球というのは、守備重視でしたから、とにかくプレーは基本に忠実であれ。日々基本練習の反復でした。基本練習って本当につまらないんです。キャッチャーは特にそうです。これを毎日徹底してやらされました。

シーズンに入っても休みというものがありませんでした。移動日でも、移動した先で体を動かしていました。グラウンドがあれば、そこで練習もしました。本当に休むということがありませんでした。

試合のない月曜日も練習していました。こんなに休みがないチームも珍しいと思いました。特別な休みといえば、オールスター休みぐらいです。それだって1日だけとかでしたが。

一番強烈だったのは、レギュラーとして出た1983年の日本シリーズのあと。そこで頑張って日本一になって、これで少し休めると思ったのですが……休みはわずか2日ぐらい。日本シリーズが終わって3日目には、西武第2球場で、秋季練習が始まっていました。

もちろんベテランの選手は、ある程度休み期間はあったように思いますが、我々は練習に参加させられました。

とにかく暇さえあれば練習というのが、その時代でした。ベテランも最初のうちは顔を出していたかもしれないですが、逆に練習の邪魔になるんです。厳しいハードな練習をするのですが、その練習に当然付いてこられない。だから毎日しんどくて、楽しい思いというのが、ほとんどありません。

そのしんどさを解消してくれたのが、日本一になった瞬間でした。

日本一を勝ち取ったときに、やってきたことは間違いではなかったんだと、あらためてみんなが認識したと思います。

先日、かつてのチームメイト・工藤公康が「当時の広岡野球を思い出すと、やっているときは苦しかったけれど、自分が監督になったとき、やっぱりすごく参考になりました」と言っていました。

この年齢になって、自分たちが指導者の立場を経験して、やっと理解できたというのはあります。

ただし、また広岡さんの下でやりたいかと問われれば、やりたくないという人がほとんどでしょう。私もそうです（笑）。

嫌がらせのようなゴロ捕球練習

キャッチャーはワンバウンド捕球の練習なども繰り返し繰り返し行います。中でも一番嫌だったのは、ゴロ捕球の練習でした。外野手はまた違う練習になると思いますが、キャッチャーと内野手はこれを延々とやらされました。

300球くらい入った箱が用意され、1球ずつコーチが私の正面に手で投げて転がします。私はそれを捕って、送球します。それだけです。それを1箱終わるまで繰り返します。

簡単な練習のように思えるかもしれませんが、まだ左右に振られるノックのほうが楽なんです。ダイビングキャッチの練習でもしていたほうがずっと楽しい。

この正面ゴロ捕球をずっと続けてやっていると「もうわかったよ、できるから勘弁してくれ」「なんでこんなことやらせるんだ」と、いろんな感情が湧き起こってきます。嫌がらせでもされているかのような、拷問でも受けているような、そんな気持ちになってきます。

でも、これがものすごく大事なんです。

腰を落としてゴロを捕って、ステップして送球する。その一連の動作を、狂いなく固めるための地道な作業。一切の妥協を許さず、この動作を体に染み込ませる。それによって、当たり前のことを当たり前にやれるようになっていくのでした。

重圧下のフォーメーション練習

守備の徹底、厳しさという点では、キャンプで特別に時間を取って行う、フォーメーション練習も忘れられません。首脳陣が見つめる中、拡声器で指示が飛ぶ、張り詰めた雰囲気で選手たちにプレッシャーをかけます。

本職の投手が投げて、レギュラーが守備位置について、若手が打席に入ります。本番さながら、僅差で終盤に入った試合の状況です。

攻撃側、守備側、それぞれサインを出します。攻撃側はなんとかして一塁走者を二塁に進めたい。守備側は、なんとかしてそれを阻止したい。

簡単にバントをさせないシフト、あえてバントをさせて先の塁でアウトにしたり、ダブルプレーを狙ったりするシフト、1シーズンに一度使うか使わないかといったフォーメーションも綿密に練習を繰り返します。できなかったときは怒声の集中砲火を浴び、交代を命じられたり、やり直しを命じられたりします。

投手も必死。一発でフォーメーションに引っかけるためには、ボール球になっては意味がなく、より確率が高くなるところに正確に投げなければいけません。

打席に入るバッターも緊張します。こういう練習はベテランはやりませんから、私はよく打席に入りました。バントのサイン、右打ちのサイン、エンドランのサインも出ます。こういう緊張した状況で練習を重ねて、体で覚えたというのは確かにありました。

実際に、この練習は生きました。攻撃時はひとつの進塁を確実に決める。守備のときは、あえてバントをやらせたり、罠《わな》にはめたりというのを、狙いどおりに実行できるよう準備をする。強いチームには絶対に必要なことだと思います。

シーズンが終わってから「あの試合のあのプレーが大きかった」と思い出す場面が確かにありましたから。

歴史的には、巨人がドジャースからこうした戦術や練習法を学び、取り入れて、Ｖ９を達成したことに端を発していると聞きます。

他球団にもそれを継承した人がいるのですが、その徹底ぶりからしても広岡さんがその代表格です。そして西武で広岡野球を学んだ選手たちが、また他球団でもそのエッセンスを伝えています。秋山や工藤がソフトバンクで実現したものも、その流れにあったと言っていいでしょう。
巨人→西武→ソフトバンク。黄金時代の根底に、ドジャース戦法の流れがありました。

広岡さん退任でバス車内は万歳三唱

広岡さんの雰囲気をひんやりとした空気と言いましたが、最大限に良く言うと「冷静沈着」、ちょっと良く言って「クール」、普通に言えば「冷徹」で、悪く言うとかなりの「陰湿」でした。

一番嫌だったのが、コーチと会話をしているときに織り交ぜるモノマネです。選手の欠点を指摘しているのでしょうが、直接「こうなっているぞ。もっとこうしろ」と言ってくれるのならまだいいのですが、あくまでもそのモノマネは、コーチとの会話の中でやるわけです。そして、それが実に特徴を捉えていて、しかもそれが誇張されていてうまいんです。観察眼の素晴らしさは認めますが、すぐにわかるだけに、やられるとこたえました。

それは私には陰湿に感じたのですが、フォローするとしたら、誰に対しても同じように接していた点はいいところでした。新人だろうが、ベテランだろうが、元メジャーリーガーだろうが、平等に陰湿な対応をしていました。

1985年の日本シリーズ終了後、確か選手全員で治療を兼ねた1泊の伊香保温泉旅行に出かけたバスの車中に「広岡監督は今年いっぱいでユニホームを脱ぐことになりました」と連絡が入ったんです。みんながワーッて大歓声を上げて、さらに万歳三唱したんです。今でもはっきり覚えています。

まあそれくらい、何か鬱屈《うっくつ》した思いで野球をやっていたんですね。勝利、優勝の喜びはありましたが、日々の面白くないという思いは、またそれとは別にあったということなんです。私も「プロ野球って面白くないな」っていう気持ちだったので、一緒になって歓声を上げていました。

余談になりますが、2007年終了後に西武を退団して、NHKでお世話になることとなり、ワールドシリーズの取材に行かせてもらいました。当時のフィリーズの監督が、ヤクルト、近鉄で活躍したチャーリー・マニエルさんでした。

それで少し話す機会をもらえたので、「私も広岡さんから指導を受けたんです」と伝えると、「それは大変だっただろう」と言っていました。

さらに、マニエルさんは日本で広岡監督から何を学ばれましたかって質問すると「我慢することだ」と言っていました。かなりしごかれたんだと思います。

西武黄金期の秘訣は丈夫な体

どうして西武はあんなに強かったのだろうと考えると、主力選手はみんな、体が強くケガをしなかった、いつもベストメンバーで戦えたというのがあります。

まず、それぞれ個々が厳しい練習に耐えられる体の強さをもっていたのは間違いありません。

それぞれの選手たちの事情までは詳しくわかりませんので、一例として、私の場合、どのようにして強い体ができていたのかを述べていこうと思います。

今では子どもたちの育つ環境もずいぶんと変わりましたが、１９６２年生まれの私が子どもの頃は、もちろんインターネットなどありませんから、体の使い方は自分で覚えるしかありません。

現在では、体を動かすのも、決められた場所、与えられた場所でしかできないケースが多いですが、私たちの頃はもう自然児というか野生児というか、恵まれた環境で伸び伸びと遊んでいました。

私にとっては幼少期に2つ上の兄貴と遊んだ川が大きかった。夏休みになると母の実家へ行き、目の前の川が遊び場でした。

その川の深いところに連れていかれて、そこに放り込まれます。

戻ってくるには手足を動かして、自然とクロールみたいに泳いでいました。教えてもらったことはないけれど、ちゃんと泳げるようになっていたんです。浅瀬に潜って魚を捕ることもありました。だから泳ぎは得意です。

野球の体の動かし方も、その河原での石投げで覚えました。遠くに投げたり、水切りをしたりする中でスローイングの基礎的な動きを覚えましたね。

特に水切りでは下半身の動きから手首のスナップまで連動させますから、スローイングの原点を学んだと言えます。

野球を始めてからは、体を冷やしちゃダメという時代だったので、川に入ることもありませんでしたが、小学校に上がる前から低学年くらいで、しっかり体の使い方が身についていたと思います。

観察力・危機察知能力・度胸は山で鍛えた

これもまた今思うと……ですが、キャッチャーに必要な観察眼、特にこれは危険だと察知する能力は、山で養ったと思います。

夏になるとカブトムシやクワガタを捕りに行くのですが、これも回数を重ねていくと、虫が集まる木、樹液が出ていそうな木がだんだんわかってくる。そこには危険なクマンバチもいるし、道中には毒のあるヘビもいます。小さい子どもながら、世代順にちゃんとそういう情報は伝えられて、注意をしてやっていました。

それと樹液が出ている木の穴に指を突っ込んで虫を捕ったりもしていました。何がいるかわからないのですが、恐る恐る手を突っ込んでいくんです。度胸と集中力が鍛えられましたね(笑)。

ハチやヘビと遭遇することはあっても、刺されたり咬まれたりすることはありませんでした。偶然かもしれませんが、危険を察知できていたのだと思います。

学校の勉強は、算数が大嫌いだったのですが、ほかは結構良かったです。記憶力はけっこう自信がありました。

というのも、小さいときから自分を含めて全体を客観的に見るようなところがありました。不思議な習慣ですが、いろいろな出来事や景色を、自分も含めて記憶していることが多いんです。誰に言われてやったということでもないのですが、その習慣は、その後もずっと役立ちました。

今の子どもたちは、なかなかそういう自然環境の中で育つということもなくなっていて、体験から学ぶことが少なくなっているのは少し寂しく思います。

初めからうまくできた

その当時は、スポーツといえばみんながみんな野球をする時代でした。そして、みんながみんなそういう育ち方をしていましたが、いざ野球をやったら、自分で言うのもなんですが、すべての面でうまくできました。

ボールを投げさせれば、遠くまで投げられたし、速い球を投げられました。バットを振れば遠くまで飛ばしました。足も速かったです。

同じように自然の中で体を鍛え、自然の中で体の動かし方を覚えていきましたが、どうしてそんなに違うのかというくらい違いましたね。もうこれは持って生まれたものだと思います。

体は大きくて強かったほうだと思います。

父は昭和の初期の生まれですが、柔道をやっていて、当時にしては骨太でした。骨格は父親似でした。

母は小柄なんですが、体力があり健康体。ケガや病気にすごく強くて、母が寝込んだというのは記憶にないぐらいです。80歳くらいまでは普通に自転車に乗っていましたし、最近はだいぶくたびれましたが、今も元気です。体力は母親似でした。

子どもの頃は、まあよく白米を食べていました。母は料理上手だったので、ほぼ母の手料理で育ちました。今のようにスナック菓子なんて、ほとんどありませんでした。その代わりに小魚とか食べていましたね。

父母譲りの強い体で大ケガを避ける

野球選手として、私は最後まで体はめっぽう強かったのですが、ギリギリのところで大ケガを避けたというのもあります。

今思うと、それは子どもの頃からずっと続いていました。

最初は幼稚園のとき。木登りをして空き家の屋根に飛び移るという無茶な遊びをしていたら、ボロボロの屋根が抜けてしまって下まで落ちてしまったんです。大ケガをしてもおかしくなかったのですが、何かの偶然で助かりました。

次に小4ぐらいのとき、ジャングルジムの一番上から転落してしまいました。足からまともに落ちたのですが、骨折することもなく、ちょっとした擦り傷程度で助かりました。

プロに入っても、「ケガ際に強い」というのはいくつかありました。デッドボールで鼻を骨折したとき、もう少しずれていたら目に当たっていたということもありました。

レギュラーを狙っていた3年目、まだ寒い時期のオープン戦で、中日の郭源治の真っすぐに振り負けまいと思って、目いっぱい振ってファウルになったとき、左手首に激痛が走りました。

腱鞘炎《けんしょうえん》と診断され、ミットも着けられない状態で二軍調整になりました。左手は安静にするしかなく、実戦練習もできません。

開幕後の5月、一軍で出ていたふたりのキャッチャーが、それぞれケガ、ベンチの指示見逃しでこっちにチャンスが巡ってきました。でも、まだピッチャーの球を受けていないし、バッティングも真剣勝負で打てる状態ではありませんでした。

急遽《きゅうきょ》「とりあえずすぐ来い」ということになり、その前にテストとして二軍で一番球が速かった渡辺久信のボールを何球か受けました。痛みはそれほど感じなかったので、すぐにその日のナイターに呼ばれて、即試合に出ました。

まったく痛くないということではありませんでしたが、そもそも痛いと言えない時代でしたね。違和感がありながらやっていたのは間違いないのですが、だましだまし、もう気力でカバーです。

そうやって試合に出ながら治していきました。

回復も早かった

骨、関節の強さは父譲り、体力は母譲り。これについてはもう、親に感謝するばかりです。

プロに入っても大きなケガがなく、長期離脱してチームに迷惑かけるということがあまりなかったですから。

たとえば前の日に激突したり、デッドボールをぶつけられたりして、脇腹などを傷めてることはありました。「ああ、これ明日無理だな」と思うのですが、次の日になったら治っています。ものすごく痛いのだけど、次の日には何となく治っています。だから、「今日は無理です」という言葉を言ったことはありません。

私は、眠りがすごく深いわけでもなく、睡眠時間もすごく長いというタイプでもありませんでした。そんなに寝なくていい体なんだと思っていました。回復力は異様な早さだったかもしれません。

以前聞いたことで、「ああ、自分もそうだな」と思ったことがあります。ある治療家さんが言うには、日頃の言葉づかいの違いで、治りが早かったり遅かったりするっていうんです。人間は言葉に対してとても敏感なので、「痛い」と言えば痛く感じます。だから、ちょっと別の表現に置き換える。たとえば「何かこの辺がウズウズする」といったように、いい感じに言い換える。するとケガを治そうとする細胞の働きが良くなるという……実際どこまで科学的根拠があるかはわからないんですが、私はそれをやっていました。

痛いところに対して、ぐっと集中するんです。これは痛みじゃなくて、何か散らしていかなきゃいけないなと。触っても痛いのですが、これは「痛み」ではないから、集中したら和らぐやつだって。そういうのが自然と身に付いていました。

中学のときだったか、地元の大会の準々決勝ぐらいで、ファウルチップを受けて痛かったんですが、その試合は最後まで出ていました。翌日病院に行ったら指の骨折だったのですが……。いいのか悪いのかは別にして、そういうことをしていました。

初めての肉離れと再発で引退を決意

プロ入り後で覚えているのは、まだ若いとき、大阪球場での南海ホークス戦。7回裏、守っている途中で急に、すごく体がだるくなってきて、熱っぽくなったんです。これは何か病気をもらったなと思いました。

チェンジになって、ベンチに帰って、担当コーチに「体がだるくて、このまま試合に出続けるのは難しいです。代えてください」と。試合は僅差のリードだったのですが、「あと2回だから頑張れ」と言われて……。

もう真っ赤な顔して、冷や汗ダラダラで、ふわふわしていて何をやっているかもわからなかったです。何とか最後まで乗り切って、すぐ球場の近くの病院に行って診てもらうと、「たぶん、風疹です」ということでした。当時、すごく流行《はや》っていたんですね。熱は40度まで上がりました。さすがに家に帰って、1週間ほど隔離になりました。ケガにも病気にも強い私でしたが、あのときばかりは参りました。

肉離れは40歳を過ぎてから初めてやりました。ああ、肉離れってこういうことかと、やってみて初めてわかりました。10日ぐらいで復帰できたのですが、同じ箇所をまたやってしまいました。

私は筋肉の質が良かったのだと思います。それまでトレーナーにマッサージをしてもらうこともありませんでした。このときばかりは、トレーナーにケアしてもらったところ、「もうやめなさい」と言われました。それで引退を決意しました。

強い体に恵まれて、ケガ際にも強かったのは、選手としては最高の資質だったのは間違いありません。

しかし、指導者になった当初は、それがモヤモヤの種にもなりました。なんでみんな簡単にケガをするんだろうか。肘とか腰とか捻挫とか肉離れとか、次から次へとケガをする。ちょっと注意すれば全部防げるんじゃないか……そういう目でしか見られなかったからです。

病院に行って治療してもらったという経験もほとんどないので、ケガをした人に、どこの病院へ行けとか、どうやって治せとかアドバイスもできませんでした。それは困った点でした。

第二章　森監督時代のライオンズ

超・堅実派の森監督

正直なところ、私は周囲がイメージするほど森さんの指導を受けていたわけではありません。どちらかといえば距離がありました。

これは決して私だけが特別だったわけではなく、ほとんどの選手がそうだったように思います。

ただ、広岡さんもそうだったように、それが選手たち同士のまとまりを生んでいた部分もあるので、野球チームのような組織の場合、嫌われる上司が必ずしもチームを弱くする要素にはならないというのが面白いところです。

森さんには独特の個性がありました。それは、極端に堅実であって、リスクを取って勝負するということをしないタイプの監督だったということです。

基本的には、広岡監督のやり方をしっかりと踏襲していました。食べ物についてだけ大幅に緩和しましたが、そのほかについては、ほぼ広岡イズムのままだったと思います。

これもまた、わざわざ成功したやり方をいじる必要はないという、堅実さからくるものだったと思います。

石橋を叩いて渡るタイプだと強く感じるのが、先発ピッチャーのローテーションについての考え方です。東尾、工藤、郭泰源、渡辺久信、松沼兄といった強力投手陣を擁していたからこそできることではありましたが、まず1シーズン全試合のローテーションを決めてしまいます。

今のように同じ曜日で回していく中6日が主流ではなく、中5日、勝負どころでは中4日が基本でしたから、どうしてもローテーションの谷間というのがあります。そこで投げさせるピッチャーも決めておきます。

実際にシーズンが始まって、谷間の試合が、たまたま優位に運ぶことがあります。でも、基本的にこの日は「負けていい試合」という考え方ですので、そう簡単にはいいリリーフピッチャーをつぎ込みません。リスクを負うのではなく、計画どおりに普段あまり使っていないピッチャーを使って、試合を組み立てていました。決して無謀なことはしなかったです。

いいところまでいっていても、信頼度の高いリリーフピッチャーを無理に使ったりしない。それで逆転負けされても、それはそれでＯＫ。

そんな感じで、ある程度腹を決めてやっていました。

経験の少ないピッチャーにチャンスを与えて、層を厚くしたいという狙いももちろんあったと思います。そのためには「負け試合」もなくてはいけない。

そうして投げさせたピッチャーがキラリと輝く投球をして、頭角を現してくれれば、チームにとってはまたプラスになります。

ここは負けてもいいんだということは、逆に確実に勝てるピッチャーがしっかり揃っていたということで、そういう気持ちの余裕があってのことだとは思います。

攻撃の采配もリスクを負わない

走者が出れば、バントや進塁打で確実に進めて、得点を重ねていく。森さんは、攻撃においても、そういう手堅い戦術専門でした。

これも理由は一緒です。勝ちが計算できる優秀な先発投手陣がきっちり揃っていますから、まずは1点先制、そしてコツコツと追加点という考え方で十分勝てるというのがありました。

当時はレギュラーがかなりしっかりと固まっていて、ケガもしないし、チャンスを待つ野手にとっては、なかなか厳しい状況だったと思います。

非常にバランスの取れたいいメンバーで、仮にひとりの打撃が調子を落としていても、他の８人が助けてくれる感じでした。

クリーンアップはもちろん、そうでなくても、どこからでもタイムリーヒットが打てる勝負強さがありました。

だから、作戦面でもそんなにリスクを負わず、走者が出たら必ず送りバントという形で良かったのだと思います。

こういうのもすべて、広岡監督時代に基礎を叩き込まれたからでしょう。走者が出たときにバントのサインが出なくても、追い込まれたあとは何とか一、二塁間に転がして進塁打というのは、各打者の間にきっちりと浸透していました。

もちろん、個人の成績は下がるのですが、勝利を義務づけられているという意識がありましたから、勝つための確率が高くなるのであれば、自己犠牲をしてでもそっちを優先するというのは当たり前のことと教育されていました。だから、言われなくても選手が勝手にやっていましたよね。

私にとっての西武ライオンズ黄金時代

西武ライオンズの黄金時代とは、いつを指すのか。

一般的には、広岡監督の4年間（1982～1985年）を第一次黄金期、森監督の9年間（1986年～1994年）を第二次黄金期として、合わせて13年間を指すことが多いのかもしれません。

第一次黄金期の広岡監督時代は4年間でリーグ優勝3回、日本一2回。第二次黄金期の森監督時代は9年間でリーグ優勝8回、日本一6回。まさに黄金期と呼ぶにふさわしい期間です。

ただ、広岡さん時代の優勝は、まだ寄せ集めチームで、ベテランの力も大いに借りていました。その後、広岡さんが築いた土台、厳しい練習で若手が力をつけて、主力になっていったあたりからが、本当に強くなったと思います。

その中でやっていた私の感覚では、「黄金期の中の黄金期」というのは、森監督になって2年目、1987年あたりからだと思います。

前年までは、秋山は主にサードを守っていましたが、この年からセンターにコンバートされました。すると、俊足を生かした広い守備範囲で初のゴールデングラブ賞に選ばれ、攻撃面でも過去最多の43本でホームラン王を獲得、盗塁も前年の21から38へと大きく伸ばし、過去最多を更新しました。

ショートを守っていた石毛さんがサードに回り、ショートに田辺徳雄が入りました。セカンドの辻発彦さん、ファースト清原和博からなる内野陣は、守備力も非常に高いものがありました。

1番　二　辻発彦
2番　右　平野謙

3番　中　秋山幸二
4番　一　清原和博
5番　指　デストラーデ
6番　三　石毛宏典
7番　左　吉竹春樹
8番　捕　伊東勤
9番　遊　田辺徳雄

時期により、もちろんメンバーや打順が変わりましたが、これがひとつ代表的なオーダーでした。

どこからでも盗塁できる

特徴的なのは、清原、デストラーデ以外は「足」があること。エンドランを仕掛けるのに十分なスピードがあるだけでなく、それぞれが単独スチールを仕掛けることもできました。

もちろん、それは単純に足が速いからというだけでなく、チームとして準備をしていたからできたことです。

特に森さんの野球では、リスクを負って盗塁を仕掛けるより、送りバントで確実にスコアリングポジションに走者を進める戦術が多用されました。そういう意味では、まさに「ここ一番」というところで盗むのが西武の盗塁だったと思います。

先頭打者が塁に出て、バントで送れば一死二塁です。でも、これが一死三塁にできるのならそれに越したことはありません。そういうチャンスはないかと、いつも狙っているのが西武流で、盗塁はそのときに活用する戦術のひとつでした。

たとえば、試合終盤で先頭打者だった2番平野さんがフォアボールで出塁したとします。相手チームの監督にしてみれば、先頭打者のフォアボールほど嫌な予感に襲われるものはありません。昔から、先頭打者へのフォアボールは得点になりやすいと言われ続けています。

そこでピッチャーを代えるケースもけっこうあります。先頭打者へのフォアボールで焦ってしまったピッチャーがガタガタに崩れることも多いので、ひとつ流れを断ち切ろうという考えです。

バッターは3番秋山なので、バントはありませんが、相手ピッチャーにしてみれば、打ち取るのが難しいバッターです。失投すれば2ランホームランを叩き込まれてしまいます。できることならダブルプレーで……と、いろいろと神経を使います。

その初球、代わったばかりのピッチャーも、それをリードするキャッチャーも、一塁走者の盗塁にまで神経が回らなくなっているんじゃないか。西武のランナーは、いつでもそうやって相手の隙を狙っていました。

今の例で言えば、初球に走ることに意味があるのであって、2球目に走ったのではダメなのです。

どういうことかというと、この初球、相手バッテリーは打者にばかり気を取られて、一塁走者への警戒が薄くなっていました。その1球を見た上で、じゃあ2球目行けるんじゃないかと思っても、それに気づくのは自分たちだけではありません。

相手ベンチもそれを見て、ちゃんとランナーを警戒しろ、モーションが甘いからクイックで投げろと指示が出てしまいます。

つまり、選手だけでなく、ベンチも含めて、エアポケットに入るような瞬間、その隙をつかなければ意味がない。だから、それをいつも狙っていたというわけです。

ウォーミングアップから盗塁を意識

そうなると、その一瞬、確実にセーフになるスタートができるか、できないかが重要になってきます。

当時の西武ライオンズは、ウォーミングアップでさえ、ただの体慣らしではなく、プレーを意識してやっていました。

高知県春野のキャンプでは、投手と野手に分かれてウォーミングアップをするのですが、メイン球場の隣に、芝のサブグラウンドがあって、そこで30メートルのタイムトライアルから始まるんです。

今はどちらかというとすべて個人任せで、昔よりも早く出てきて「アーリーワーク」をする選手もいたり、体を動かす時間も増えているようですが、当時のライオンズはノルマというか強制でしたね。「今日は30メートルを10本測るぞ」みたいな感じでした。

今はそういう練習はまずやらないでしょうね。トレーニングコーチとかが非常に工夫をして、どこの筋肉をどのように鍛えるといった意味で、目的を持ってトレーニングメニューを考えています。

当時の西武のメニューは、野球の動き、プレーにつながるという、別の意味で目的を持ったものだったと思います。

ダッシュやフットワークの練習も、スタートは盗塁を意識した形でした。できるだけ試合をイメージして練習をするというのが、貫かれていました。盗塁に限らず、打撃練習でも、必ずケースを想定した練習が組み込まれていて、バント練習にせよ、進塁打の練習にせよ、ただやるのではなく、いかに今日の試合でサインが出たときをイメージしてやるかに重きが置かれていました。

しかも、こうしたウォーミングアップは、キャンプ期間中だけやって終わりではなく、シーズンが始まっても試合前の練習で継続的に行われていました。

西武ライオンズ流「盗塁の極意」

なんらかの理由で、相手バッテリーの意識が走者に向かなくなるときがある。その一瞬を見逃さず、一発でスタートを決めて、盗む。それが本当の意味での「盗塁の極意」だと、当時の西武の選手たちはわかっていました。

選手たち自身がそういう意識で野球をやっているのが普通でした。珍しいことではなく、できるのが当たり前という感覚のほうが強かったです。

相手投手の調子が良くて、なかなか点が取れないときでも、だったらどうやって打開していこうかと、打席に向かうバッターも、塁にいるランナーも、それぞれが役割分担の中で勝手に想定していて準備もしています。だから、そのとおりのサインが出ても、落ち着いて遂行することができます。

あるいは、選手の側からサインを出すといったこともありました。基本的に足の速い何人かの選手には、いつでも行けるときは走っていいという、いわゆる「グリーンライト」の権限が与えられていました。

だから、自分で行けると思ったときには、自分からサインを出します。「これ行けますよ」というサイン。すると三塁コーチャーから許可のサインが返され、打者にも情報が伝えられます。次の投球は見送って、その間にランナーはスタートを切り、盗塁を成功させるというわけです。

ただ、「行けます」とサインを送ったものの、ちょっと投手の動きに気になることがあると、ランナーはスタートを切れないものです。「行けます」「許可。打者は待て」のサインが出ていたのにランナーがスタートできず、投球がストライクだった場合は、すべてのサインが「リセット」というのが決めごとでした。

その後は、同じサインのやりとりがあってもバッターは打ってよしとなります。もしスタートが切れずに、ボールになった場合は、サインの効力は継続というのが基本的な決めごとでした。

ただ、もうメンバーも固定していた頃になると、暗黙の了解というか、同じ意識で野球をやっていることもあり、サインがなくても連動して動くことができていました。一瞬の隙を狙うというのは、本当に感覚的なものなので、あらかじめ「行けます」と予告できないこともあります。でも、行けると思ったときには行ってほしいと、みんなが思っています。

だから、バッターはサインがなくてもランナーの様子を見ながら、臨機応変にボールを見逃したりしていました。

ベンチメンバーにも状況判断が求められる

ところが、試合展開によっては、こういう状況であまり試合に慣れていない若い選手がバッターボックスに入ることもあります。またとないチャンスですから、打ち気にはやり、初球を打ってポップフライ……まあ、ありがちなことですし、気持ちはわかります。甘い球が来ると力んでしまうものです。

しかし、当時の西武では「状況判断が悪い」と、容赦なく評価されてしまいました。

足のある走者が走るためにストライクまでは我慢する。もし追い込まれても、粘ってカウントを整えて、走者が動きやすい状況をつくる。自由なバッティングができないカウントになったら、走者が進塁できる可能性が少しでも高くなる右方向へのゴロを打つ。慣れない若手には高いハードルですが、その意識が見えれば評価はされましたし、その意識がまったく見えなければ、チャンスが減っていく。

それだけベンチメンバーにも、レギュラーと同じように高い意識で戦うことが求められていたということです。その一方で、本当にメンバーが固定されていましたので、ベンチメンバーにとっては厳しい状況だったと思います。

ただ、森さんはあくまでも手堅い戦法。特に、送りバントで走者を進めるのが基本でした。

だから私にもバントのサインが出るケースがとても多かったですね。ああ、ここはバントだろうなと思うと、まずほとんどそのとおりのサインが出ました。

逆に、ごくまれに何のサインも出ないと、「あれ？　今日は打たせてくれるんだ」とびっくりするくらいでした。

気まぐれなのか、試合展開の関係なのか、長いシーズンを考慮した深謀遠慮があってのことなのか、その判断の理由はわかりませんが、とにかく、たまに無死一塁のような場面で、自由に打てるときがありました。

でもやっぱり先制点や、終盤の「この1点」という場面では、例外なく送りバント。相手が決めつけていたときや、隙があるときは盗塁。そういう攻撃が森ライオンズのやり方でした。

さすがにデストラーデや外国人選手にはバントはなく、「好きに打て」でした。4番・清原にも送りバントのサインはありませんでしたが、無死二塁で右打ちして二塁走者を三塁に進めろというサインは出ていて、清原もそれにきっちりと応えるバッティングをしていました。

追い込まれるまでは、タイムリーヒットを狙わせて、追い込まれたあとはサインを切り替えて、最低でも進塁打を打たせるという戦術は普通に使われていました。

三塁コーチャーとタイミングを合わせる

盗塁だけでなく、走塁、特に打球判断については高いレベルを要求されました。好判断でひとつ多い塁を取れれば、チームの士気は大いに高まりますし、逆に判断が悪かったばかりに取れるはずの塁を取っていないとなると一気にチャンスがしぼんでしまいます。

好走塁と紙一重であればまだしも、明らかな暴走は試合の流れを失うキープレーになってしまいます。

まず基本は野手の守備位置を把握した上で、自分で判断すること。打球が落ちるのか落ちないのかの判断や、ライナー性の打球に対してどう対応するかは、いち早く自分で判断しなければなりません。

走塁に自信のない人は、どうしても自分の目でボールの行方を確認してからスタートを切るのですが、その時点ではもう遅すぎてしまいます。

これは日々のバッティング練習時間に選手たちが自主的にやっていました。バッティングが終わったら、一塁走者として打球判断。次は二塁走者として打球判断。そういうことが自然発生的に行われていました。

最も頻度が高く、判断の良し悪しがチーム成績に直結するのは、一塁走者がライト前ヒット、センター前ヒットで三塁まで進めるかどうかです。特に打球が打者から見えない場合、三塁コーチャーの指示を仰ぐのですが、このタイミングが重要です。

ベースターンの体勢に入る前にコーチを見る。コーチはそのタイミングで見ることを前提に早めに判断して指示を出します。エンドランのサインが出ているときは、コーチの指示もさらに早く出さなくてはいけません。

それがあたかもリレーのバトンパスのように息が合っていると、タイムロスなく三塁まで到達することができます。

このあたりは、タイミングの取り方、頭の動かし方や視線の送り方といった細かいことまで、キャンプでのベースランニング練習で繰り返しやっていました。

なくて七癖——投手のクセ

盗塁の準備という意味では、投手のクセを見抜くというのも非常に重要です。

阪急ブレーブスで活躍した「世界の盗塁王」福本豊さんは、もちろん足も速かったですが、このクセ読みの天才だったと聞きます。

ユニフォームのしわ、背中の丸め方、足先の開き方、さまざまな視覚的な情報から、バッターに投げるのか、牽制球が来るのかがわかるのだそうです。おそらく、他の人には見えないけれど、福本さんには見えていたものがいろいろとあったのだと思います。

もちろん、それは投手によって違うものですから、写真やビデオなどの資料も含めて、いろいろと研究していたはずです。その結果、大きなリードを取っていても、牽制球のときには楽々足から一塁に戻っていましたし、バッターに投げるときには早々にスタートしていました。もちろん、これも立派な能力です。

当然、西武でもこうした研究は行われていました。資料室に行くと、相手チームの投手のセットポジションの写真、ビデオが用意されていました。野球という競技は、そういうところは昔から進んでいました。

もっとも、今だったら動画を取り込んで、タブレットでも画像解析できます。いくらでも比較できるので、クセなどはすぐに判明してしまいます。誰でも発見できるので、研究するほうも、対策するほうもやりやすくはなっていると思います。

でも、当時はそうはいきません。クセ読み名人が、仮説を立ててビデオテープを取っ換え引っ換えしながら検証していきました。

こうしたことはどのチームもやっていて、強かった西武が特に優れていたとか、最先端の技術を使っていたということはなかったと思います。

こうしたクセも含めて、ピッチャーの特徴はミーティングで情報共有され、攻略法に生かされていました。

余談ですが、昔も今も「クセ読み名人」というのはいるもので、フォームや雰囲気のちょっとした違いが、すぐにピンと来るのだそうです。そういう能力は、どのチームにとっても有用なので、大いに活用されてきました。コーチとしていろんな球団を渡り歩いている人の中には、そういう能力を買われた人も少なくありません。

強さの本当の理由は盤石な投手陣

しかし、西武ライオンズの強さを支えていたのは、盤石な投手陣でした。

毎年、最多勝や最優秀防御率などのタイトル争いをする、東尾さん、工藤公康、郭泰源、渡辺久信がいました。もうそれだけで強いのに、松沼博久さんもしっかりイニングを投げてくれますし、後には石井丈裕、渡辺智男も加わります。

後半はリリーフ投手として鹿取義隆さん、潮崎哲也も活躍し、とにかくピッチャーはずっと強かったですね。

中でも私が絶対的な信頼を置いていたのは郭泰源でした。精神面での強さがあり、コントロールも球筋もブレが少ない。安定感抜群だったので、郭泰源が投げる日は苦労しなくても勝てるという感覚でリードをしていました。

別の意味で楽だったのが公康です。持ち球が基本的には真っすぐとカーブしかないので、考えることが少ない。逆に言えば、そのどちらもキレが鋭かったので、どちらを投げても打たれないというすごみがありました。

もうその頃からは、優勝が宿命づけられていて、勝たなければならないというふうに選手たちも思っていました。

リーグ優勝するのは当たり前で、常に日本一を目標に掲げながらやっていた時代です。負ける気はまったくしませんでした。

絶対的な自信があったので、気持ちの中でも余裕がありました。

「師弟関係」と言われるのは不本意だった

西武ライオンズ黄金時代のチームリーダーといえば、石毛宏典さんでした。若手に対してとか、チーム全体に対してなど、とてもいいタイミングで声をかけて、リーダーシップを取れる人。チームにとてもいい影響を与える存在でした。

ピッチャーでは、東尾修さん、森繁和さん、松沼兄弟が中堅ベテランとしてチームを引っぱっていました。

当時の西武には「派閥」がありませんでした。べったりということはないのですが、みんな仲は良かったし、本当にいいチームでした。

他人の悪口を言うこともなく、あいつはダメだと批判することもなく、ピッチャーと野手がバラバラっていうこともなく、本当にうまく調和していて、まとまりがありましたね。

シーズンに入っても、「ここが天王山」と言われるポイントの試合が必ずあるのですが、そういうときにこそ力を発揮するチームでもありました。それまでなかなか調子が上がらなくても、ここはもう負けられない大事な試合なんだというときに、自然とひとつになれる。

別に焼肉屋で決起集会を開かなくても、野球の中で本当にひとつになれました。

ひとつ言えるのは、広岡さんにしても、森さんにしても、自分たちが嫌われるとか、そんなことはあまり気にせず、選手たちとは距離を取って厳しく練習をさせていましたから、首脳陣への反発みたいなもので選手がまとまっていたのはありました。

そのあたりまで計算されていたのかはわかりませんが、結果的にチームが勝利に向かってまとまるのであればいいことです。それに首脳陣は、勝てば評価に変わっていきました。

広岡さん退任時の万歳三唱については、先ほど書きましたが、では森さんは選手たちから慕われていたかというと、すでに触れたとおり、そうでもありませんでした。

特に私とは年々距離が開いていきました。1992年、1993年は2年連続で、野村克也スワローズ対森祇晶ライオンズの対決になり、世間では野村さんの弟子・古田敦也と、森さんの秘蔵っ子・伊東勤の対決とか、「代理戦争」なんて言われていました。

私はそういう言い方をされるのは正直言って不本意でした。森さんがバッテリーコーチだった広岡監督時代を含め、森さんにキャッチャーのことで何か指導をされたこともありませんでしたので、師弟関係というほどのものではなかったのです。

いろいろと面倒を見てくれた黒田さん

私が西武に入ってからキャッチャーの技術的なことを教わったのは、黒田正宏さんでした。当初は現役の先輩キャッチャーとして、引退してからはバッテリーコーチとしていろいろと面倒を見てくれました。

黒田さんは、法政大学時代は田淵幸一さんの控えで、プロ入り後の南海では野村克也さんの控え、レギュラーとして出場していた期間は短かったのですが、それでもずっと必要とされてきた堅実なキャッチャー。人間的にも尊敬すべき人で、いろいろ相談に乗ってもらってました。黒田さんも、トレードで西武に来て、若い者を育てようという気持ちがあったのだと思います。

だから森さんには言えないことも、いつも黒田さんに相談していました。いろいろ言われて納得いかないことは、もう全部吐き出しました。ときには黒田さんから直接森さんに話してくれたこともありました。

配球について聞くこともありましたが、「配球は俺らがどうこう言うことじゃなくて、自分でつくっていくもんや」とよく言われました。

黒田さんが横にいてくれたので、結構いろいろ思い切ってできたというのはありました。ですから、あえて「キャッチャーの師匠は誰か」と聞かれれば、間違いなく黒田さんです。

コーチに言わせないチーム

チームワークという点でも優れたチームでした。といっても、プライベートで一緒に食事に行ったり、飲みに行ったりということはほとんどありませんでしたが、ユニフォームを着ればワンチーム、仕事の上での関係性がとてもうまくいっていました。

先ほどのオーダーは、1991年の日本シリーズあたりのメンバーです。中堅クラスだった私を基準にすると、ベテランの平野さんが7つ上の36歳、石毛さんが6つ上、辻さんが4つ上、吉竹さんが1つ上、秋山とデストラーデは私と同じで29歳、田辺が4つ下、もっとも若手だった清原が5つ下の24歳という感じで、年齢的なバランスがとても良かったですね。

だから、上から下へと教えていくような文化がありました。ゲーム中に失敗してベンチに帰ってきたときに、コーチからいろいろと言われる前に、先輩がアドバイスするというのが当たり前の光景でした。

コーチに言わせない。まず自分たちで解決する。そういう成熟した考え方をするチームでした。

実際、コーチに言われるよりも、先輩に指摘してもらうほうが、選手は素直な気持ちで聞くことができます。

そして、先輩の側も言ったからには自分もできなきゃ示しがつきませんから、より責任感と緊張感を持って、やるようになります。

これはとても重要なことです。後輩に指摘したはいいが、自分ができなかったときに困るから言わないという先輩がいるチームと、当時の西武のようなチームとでは、成長の度合いが全然違うものになっていきます。

アドバイスをもらう立場だった後輩も、成長したあとは自分が後輩に伝えるようになっていく。後輩は先輩の背中を見て育っていく——これもまたいい循環になっていくのです。

見ていたコーチも、そうやってお互いを高め合う姿勢のあるチームであれば安心できたことでしょう。それは、自分がコーチや監督を経験して強く思います。

試合に出ていない選手もひとつに

それは何もレギュラーに限った話ではありませんでした。それは監督やコーチからの指示もありましたが、試合に出ていないベンチメンバーも、ボールを全員で追いかけるということが当たり前のようにできていました。これは私が指導者の立場になってからも、ずっと言い続けたことでもあります。

自分が打席に立っていなくても、もし自分がそこにいたら、こういうケースでどんなサインが出るかというのは、コーチのサインをいつも見ておけばわかるようになります。あのときはあのサインが出たから、自分が出たときもこういうのがあるなと準備もできます。だから、試合に出ていなくても、絶対に1球もおろそかにできないぞと、若いときからずっと言われていました。

実際のところ、ライオンズのベンチメンバーにはあまりチャンスが回らなかったと思います。ケガでもしない限り、レギュラーメンバーは固定です。多少変わるのは、先発投手の左右によって併用されているところくらい。

そうなると、数少ないチャンスで、いかに結果を出すかが重要です。もちろん打てた、打ち取られたは時の運もありますから、結果だけでなく、ベンチが何を期待して使ったのか、それをやろうとしたかどうかも見られています。

そういうことも、ずっと試合に出ているつもりでサインを追っていれば、自然とわかるし、わからないようであれば、ベンチにも入れません。

だから西武ライオンズには、ベンチの奥でしゃべったり、ニヤニヤと談笑したりする選手は、ほとんどいませんでした。

ベンチ全員が同じ方向を見ながら試合をやっていると、感じられる。だから西武ライオンズは強かったと自信を持って言えます。

強いチームはチャンスを狙っている

チームワークがいいというのと、チームみんなの仲がいいというのは、必ずしも一致しないと思います。馴《な》れ合い的な関係性で仲が良くても、チームとしての機能に好影響を与えないことがありますし、逆に弱いチームでは、傷のなめ合いになってしまい、仲の良さがマイナスに働くこともあります。

強いチーム特有のつながり方というのを実感するのは、勝つための嗅覚や価値観を共有できているとわかるときでしょうか。当時の西武ライオンズには、間違いなくそういうものがありました。

たとえばピンチになってマウンドにキャッチャーと内野手が集まりますよね。まあ普通は少し間を空けて、熱くなっているピッチャーを肉体的にも精神的にもクールダウンさせるのが目的です。

でも、そんなときこそ「狙う」のがライオンズです。

「ここピンチですけど、チャンスありますよ」

「アレやろうか」

私だったり、辻さんだったり、石毛さんだったりが、キャンプから練習してきたいくつかのピックオフプレー（ランナーを誘い出して牽制球で刺すプレー）の中から、決まりそうなものを選んで、「何球目にやる」と決めておきます。

そうすれば、その投球の直前にはサインを出しませんから、相手に気づかれることなく作戦が実行できます。あとは練習で合わせたタイミングのとおりに各自が動いて、走者を揺動させればＯＫです。

もちろん相手が警戒していれば必ず決まるというものではありません。しかし、ピンチで困ったな、どうしよう、ピッチャー頑張ってくれみたいな顔をしながら、集まっているとき、相手は「さあ行くぞ」と意気が上がっているものです。そこに警戒が緩むチャンスが潜んでいることを、当時の西武のメンバーは熟知していて、「いざ」という試合の、「いざ」という場面で繰り出しました。

こういうプレーを息ぴったりに決めることこそ、本当のチームワークだと私は思っています。

コーチングスタッフも仕事人揃い

コーチに言われないように、コーチに言わせないように。選手たちはそんな意識で、自分たちで指摘し合いましたが、ひとつには監督、コーチに言われるのが嫌だという感情もありました。

管理野球は、選手たちができないことを前提に、監督・コーチが監視して管理しようとするもの。できるようにしようとしてくれるのは、ありがたいようで、やっぱり子どもじゃないですし、プロなのですから、「それくらい言われなくてもできる」という反発は感じます。

そういう監督・コーチへの反発心で、自分たちが成長し、チームとしてまとまるというのは大いにありました。だから、まずは自分たちでやることが重要であり、監督やコーチの顔色をうかがいながら野球をするということはありませんでした。

と言いつつ、コーチたちがおかしなことを言うというケースはほぼありませんでした。やはり選手たちがやるべきことができていないときに、正確に指摘される。まあ、だからこそ面白くないと感じるわけです。

当時のコーチングスタッフのほうも、とてもプロ意識が高く、自分の領域についてはきっちりと役割を果たすという人たちばかり。

特に三塁ベースコーチの伊原春樹さんは、まれに無理だろうというタイミングで突っ込ませることもありましたが、それをやっていい場面かどうかも含めて、ゴーかストップかのジャッジが正確でした。コーチの中では一番、いつも何かを狙っているタイプのコーチでした。

選手として一番困るのは、コーチングスタッフの指示が一致しないことです。あのコーチはこう言ったが、このコーチはそうではなくてこう言った。これでは選手が混乱します。

もっと最悪なのは、「オレは本当はお前が正しいと思っているんだけど、監督がそう言っているから頼むよ」とか、「これを言っているのはオレじゃなくて監督だから」という言動をするコーチです。これでは選手も納得しません。

意見が対立することは別に悪いことではないし、トップである監督の方針に従えと命令することもチームにとっては必要なこと。自分だけ憎まれない立場を確保しようとすると、ただ混乱を招いて、結局憎まれることになるのがわかっていません。

少なくとも、広岡監督のコーチングスタッフ、森監督のコーチングスタッフには、そういった自分だけのことを考えるような人はいませんでした。広岡さんや森さんが、コーチとどういったコミュニケーションを取って、どのように管理していたのかまで、詳しく知ることはできませんでしたが、コーチたちもやはり監督の管理下にあり、ある意味では監督の指示を忠実に実行するコマだったのだと思います。

思い出深い日本シリーズ①　1987年

ここで、私が経験した中で思い出深い日本シリーズのことをお話ししておきます。

我々が子どもの頃は、ジャイアンツの全盛期でした。熊本は「打撃の神様」川上哲治さんの出身地でもあり、野球といえば巨人という土地柄でした。

もっともその頃は、巨人の9年連続日本一、いわゆる「V9」の真っただ中。関西、中京、広島といった「一部の地域」を除き、テレビの野球中継は巨人戦ばかり。熊本でなくとも、「野球は巨人」という時代でした。

私も子どもの頃は夢中になって巨人戦の中継を見ていました。子どもたちの憧れは、長嶋茂雄さん、王貞治さんのＯＮが中心でしたが、私は高田繁さんの大ファンで、引っ張り込んで三塁側にファウルを打つバッティングを真似していました。

広岡さんも、森さんも、そのＶ９のジャイアンツで野球をやっていて、その野球をライオンズでも展開していました。それだけに、ジャイアンツへの対抗意識は強かったのでしょう。

毎年のように日本シリーズに出ていた頃、相手が巨人なのか、そうでないのかで、気合の入り方がまったく違いました。実際、ファンの注目度やメディアの熱量も違っていました。

まず私の思い出に強く残っている巨人との日本シリーズは、１９８７年です。森監督と王監督の対決、後楽園球場のラストイヤーでした。

西武球場での第１戦は、桑田真澄を攻略したものの、東尾さんが打たれて巨人の勝利。第２戦は公康が３安打完封。打っては秋山、清原、石毛さんにホームランが出て、私も２試合連続のタイムリーヒットを打ちました。

後楽園球場に移動した第３戦も郭泰源が１失点完投。ブコビッチと石毛さんのソロホームランで江川卓さんに土を付けました。

しかし第4戦は、槙原寛己が3安打完封で2勝2敗に戻します。

第5戦は初戦と同じマッチアップでしたが、初回に巨人がエラーを連発、桑田の足を引っぱり、西武が3点を先制。東尾さんが9回途中まで投げ、最後は公康のリリーフで逃げ切り、後楽園最終試合は西武が勝って3勝2敗と王手をかけます。

再び西武球場に戻った第6戦。この試合は2回の先制点が、センター後方のフライをウォーレン・クロマティが捕球し、中継に入ったセカンド篠塚和典さんがサード原辰徳さんに送球する間に、二塁走者の清原が本塁に突入するプレーで先制。

2－1と西武1点リードの8回裏には、「伝説の走塁」と呼ばれるプレーで決定的な追加点を奪い、完投した公康を援護しました。このプレーについては、別項目で詳しく説明することにします。

4勝2敗で西武が巨人を退け日本一になりました。優勝が決まる前から、ファーストを守っていた清原が、ドラフトで巨人に指名されなかった過去を思い出して涙を流していたことも話題になりました。

このシリーズは、長打や好走塁、そして巨人の守備のほころびももちろん大きかったのですが、公康、東尾さん、郭泰源ら投手陣が、ジャイアンツ打線を抑え込んだことが勝因です。

初戦こそ被安打16、7失点と打たれましたが、その反省を踏まえて、各打者をどのように抑えるかを毎日考えた研究が実を結びました。

思い出深い日本シリーズ② 1990年

忘れられない巨人との日本シリーズといえばもうひとつ、1990年の勝負があります。

藤田元司監督率いる巨人は、ペナントレースを圧勝。

エース斎藤雅樹は2年連続の20勝、桑田が14勝、槙原は9勝でしたが、「三本柱」は盤石でした。

加えて、宮本和知が14勝、この年台頭した木田優夫が12勝、香田勲男が11勝という投手王国を築き上げ、セ・リーグでは88勝42敗、貯金46で2位に22ゲーム差をつける独走で優勝しました。

一方、パ・リーグのほうはといえば、群雄割拠の時代。上田利治監督率いるオリックス・ブレーブスは、ブーマー・ウェルズ、門田博光、石嶺和彦らの「ブルーサンダー打線」が元気。

また、前年優勝した仰木彬監督率いる近鉄バファローズは、破格の飛距離を誇ったラルフ・ブライアントやジム・トレーバー、大石第二朗らの強力打線に加え、新人の野茂英雄がまさに旋風を巻き起こしていました。

しかし、終わってみれば西武が81勝45敗4分け、貯金36で2位オリックスに12ゲーム差をつける圧勝でパ・リーグを制しました。

巨人も3年前の借りを返そうと本気になっていたと思いますが、西武の4連勝という意外な結果に終わりました。

第1戦が槇原、第2戦が斎藤、第3戦が桑田、第4戦が宮本。巨人が誇る先発投手をことごとく打ち崩し、4試合とも4点差以上の完勝でした。

私は打つほうでも活躍することができました。4試合のトータルで、15打数5安打、打率・333、4打点、4得点、1本塁打、3二塁打。

シリーズMVPはデストラーデが持っていきましたが、久信、辻さんとともに優秀選手賞に選ばれました。

最強の勝ち方で日本シリーズに進出してきたジャイアンツを、まったく寄せ付けずに勝利したことで、最強軍団西武ライオンズの評価が確たるものになったと実感しました。

第三章　黄金時代の遺産

黄金時代の終わりは「広岡イズム」が薄れたとき

黄金時代の終わりについては、私の中では1993年、2年連続でヤクルトスワローズとの日本シリーズとなり、ついに敗れたときに、何かひとつの時代が終わったという感覚になりました。

もちろん、やっている身としては黄金時代なんて意識していませんでしたが、それまで負けるということは考えていなかったのに、僅差で競り負けてしまったことで「勝てなくなってしまったのか」とは思いました。少しずつメンバーが代わったり、衰えが見えたりというのもあったのでしょうね。

その後も決して急激に弱くはなりませんでしたが、チームとして精神的な優位性は保てなくなっていたように思います。

森さんが退任して、東尾さんが監督になった頃から、潮が引いていくように、負ける気がしないという圧倒的な強さは感じられなくなり、それとともに、どんどん広岡監督に叩き込まれたメンバーが他球団へと散ってしまいました。

私自身も、黙っていても勝てるという感覚は薄れていて、チームも変わってきたなと感じていました。

気がつくと自分たちだけ違うレベルにいるという感じではなく、周りもかなりレベルが上がってきていて、「西武を倒せるぞ」という機運になっていたように感じました。

そこに何かきっかけがあったのかと考えてみると、やはり先ほど述べたヤクルトと2年連続で日本シリーズをやって、2年目に負けたときのように思います。

その瞬間に「悔しい」っていう気持ちが、あまり出てこなかったんです。何か「そうだろうな」といった感想が浮かんできたんです。

前の年は西武が勝ったけれども、事実、ヤクルトはレベルアップしてきた。向こうも2年連続でリーグを制覇して、日本シリーズに出てきているわけですから、自信を確かなものにしている。

ところがこちらは連覇はしているものの、あまりダントツでリーグ優勝という感じではありませんでした。

上がり目で来ているヤクルトと、どちらかといえば少し落ち目の西武というふうに自分たちでも思っていました。それを口に出して確認し合ったことなどありませんが、きっとほかの選手たちもそれを感じていたのではないかと思います。

根本さんがパ・リーグに地殻変動をもたらす

パ・リーグの地図が塗り変わっている時期でもありました。西武ライオンズ黄金時代の礎をつくったのは間違いなく広岡さんなのですが、もう一人、常に戦力を整えていた根本陸夫さんの動きも見落とせません。当初は監督として現場の「地ならし」をし、広岡監督を招聘《しょうへい》してからは、管理部長として編成だけでなく、事実上のGMとしてフロントと現場を繋いでいました。

黄金時代を支えた選手は、例外なく根本さんのおめがねにかない、根本さんが入団までの筋道を整えて迎え入れた選手ばかりでした。それはドラフトやドラフト外で新人として入団する選手、トレードなどで他球団から連れてくる選手、みんなそうでした。

その根本さんが、１９９３年に西武からダイエーに移りました。すると、西武でやってきたのとまったく同じように、まずは監督、その後、編成部門に回ってダイエーを強化していました。弱かったチームを自前の新人たちを育てて強くする。その途中で、他球団から力のあるベテランを連れてきて、手本を見せることでチームの基盤をつくっていく。まさに西武でやっていた手法そのものでした。

当然、自分が関わってきた選手たち、西武ライオンズ黄金時代の主力たちがターゲットになります。

１９９３年オフに秋山と渡辺智男、内山智之がダイエーに移籍しました。翌１９９４年、石毛さんと工藤という西武の黄金時代を象徴する選手がダイエーにＦＡ移籍していきました。

実は、同じタイミングで私もＦＡ権を取得しており、悩んでいました。ダイエーからは当然のように来てほしいという声がかかっていましたが、西武は「せめて伊東だけは」と、どうしても残留させたいという意向でした。

ただ、当の私はというと、体制への不満も募っていたため、ＦＡ移籍の可能性も排除せずに交渉に臨んでいました。

東尾監督時代は管理野球の反動

結果的に、私はＦＡ宣言をした上で残留し、１９９５年シーズンも西武ライオンズでプレーしました。そして、同年から東尾さんが新監督に就任しました。

石毛さんのＦＡ移籍は、森さんの後任監督人事が関係していました。球団は、石毛さんに監督就任を打診したのですが、現役続行を希望する石毛さんは怒って、ダイエーにＦＡ移籍してしまったのでした。

監督に就任した東尾さんは、それまでの森さんの方針を一気に変えました。森さんも踏襲してきた広岡さんの管理野球はほぼ完全に終了し、むしろ放任野球になりました。

それまで西武は監督が示した方向性を、ヘッドコーチや担当コーチ、マネージャーを通じてミーティングや個別の会話の中で伝達するというやり方が徹底されていました。それが一気に放任となり、基本的には好きなことをやっていいとなりました。

簡単に言うと、それまでずっと抑圧されてきたものの反動が出たようなものでした。張り詰めていたものが、一気に解放されたような感覚です。首脳陣と選手が親しくするといったことは、広岡さん、森さんの時代ではあり得ませんでしたが、一緒に飲みに行くようなことも普通に見られるようになっていました。

それが東尾さん流のコミュニケーションだったという言い方はできると思います。それまで遠すぎた距離感を近づけたのかもしれません。

自分が上の立場になったときには、もうこういうことはやめようと思っていたことを一番に行動に移したのだと感じました。

日々の「面白くもなんともない」管理されている状態がなくなったのは気分的に楽になりましたが、やはりいいことばかりではなかったと、すぐに思うようになりました。なんとなく想像できるかもしれませんが、組織としてはすぐにガタガタに崩れかけてしまったのです。

森さんに対しては、どの選手も疎遠でしたから、ある意味では公平とも言えます。東尾さんは、数年前までベテランピッチャーとしてチームにいたときのままでしたから、人間関係が、監督と選手という感じにはなりません。

ベテランに対するケア

主力選手が入れ替わり、若い選手を使っていく過渡期だったのは事実で、東尾さんのときは難しい舵《かじ》取りになっていたと思います。

1996年、ドラフト1位ルーキーの高木大成がキャッチャーとして続けて使われることがありました。私は、前年もオールスターやゴールデングラブ賞に選ばれるなど、まだバリバリでしたし、その年それまでの成績も良かったのに、大成が出て、私がベンチというのは納得できなかったので、その年からの新任だったヘッドコーチに話を聞きに行きました。「俺が決めてるんじゃないんだよ。全部監督が決めているんだよ」という答えで、それには正直怒りを覚えました。

もちろん、選手を使うも使わないも監督が決めることです。でも、私に限らず長年のレギュラーを外すときには、せめて担当コーチから、どういう意図があってのことか、説明は必要だと思います。それで納得するかどうか、どんな反応をするかはまた別の話で、ベテランに対する配慮というのは怠ってはいけないと思います。このときも、森さんの時代まではあったであろう、首脳陣の意思共有や、言葉による説明がないのが残念でした。

同じような経験をしたのが、秋山とのトレードで1994年にダイエーから西武に来た佐々木誠。1998年に、やはり説明がないまま出場機会が減り、本人は納得してないわけです。

誠は私より血気盛んだったので、「今から監督室に行ってきます」と言いだしました。私は2、3回止めました。「もうやめとけって。みんなは行ったほうがいいと言うかもしれないけど、損するのはお前なんだから我慢しとけ」となだめたのですが、最終的には堪忍袋の緒が切れて、「今日行きます」と監督室に行ってしまいました。

いろいろ話をしてきたようですが、すぐにトレードに出されました。チーム事情があるのはわかりますが、選手にとってみれば死活問題なので、説明によるケアは絶対に必要なことです。

黄金期を過ぎても投手陣は充実していた

ただし、東尾監督時代は7年間で3位、3位、優勝、優勝、2位、2位、3位という成績でした。森さんの残した成績と比べれば見劣りしますが、一度もBクラスに転落することがなかったのですから、好成績と言うべきでしょう。

その要因として、投手の充実を挙げることができます。黄金時代を支えてきた郭泰源と渡辺久信、石井丈裕、鹿取義隆さん、潮崎哲也といったメンバーが残っていて、そこに新たに頭角を現した、新谷博、西口文也、豊田清、森慎二、デニー友利、そして松坂大輔といった投手たちが中心になっていきました。チーム成績として大崩れしなかった要因は、優秀な投手たちの存在にあると言えるでしょう。

采配という点で、投手交代について特別な印象はなかったので、基本的にはそつなく運用できていたのだと思います。

覚えているのは、DHのデストラーデがピッチャーとして投げたこと。監督1年目の5月、富山で行われた試合ですが、大差がついていて、できればいい投手は使いたくない。

そこでアマチュア時代に投手経験のあるデストラーデがその役を買って出たという話です。現在ではMLBではよくあること。日本でもたまに見ますが、その当時は「あり得ないこと」という雰囲気で、対戦相手のオリックスの仰木彬監督がとても怒ってしまい、主力選手を引っ込めて代打を出したのを覚えています。東尾さんはファンサービスのつもりだったといったコメントを出していました。

少し意味が違いますが、翌1996年のオールスターでは、パの仰木監督が、ピッチャー・イチローをコールして、打者・松井秀喜と対戦させようとしました。するとセの野村監督が怒って、代打に投手の高津臣吾を送るというシーンがあり、興味深かったですね。

管理野球の終焉にはプラスもマイナスもあった

一方、攻撃陣のほうは、鈴木健、高木大成、松井稼頭央、高木浩之といったあたりの成長はありましたが、中距離タイプの左打者が多かったのが弱みでした。

良くもあり悪くもあったのが、管理野球の反動でした。それは東尾さんが意図したものであって、やりたかったことなのでしょうが、「副作用」もありました。

重圧のかかる練習はなくなったので、小技を絡めて「ここで絶対に1点を取る」という集中力や、選手個人が自分で考えて、自己犠牲や、そつのない走塁など、最善のプレーを選択するといった西武黄金時代の伝統は、どんどん薄れていったように感じました。その様子は、過去に蓄積しておいた「貯金」がどんどん取り崩されていくようでした。野手について言えば、広岡・森時代を経験したのは私と田辺くらいでした（田辺もすぐに控えに回ることが多くなっていました）。

もちろん我々も気づいたことを若い選手に言うことはありましたが、首脳陣の領分に入ってまで言うことはできません。そもそも、そんな声かけくらいで勝つための野球が徹底できるものではありません。やはり、そのための練習が必要ですから。

投手出身の東尾さんなので、伊原春樹さんら野手のコーチの助力は求めたとは思うのですが、東尾さんは広岡さんのような厳しさを求めなかったので、その方針にしたがったのかもしれません。

東尾さんがチームの色を変えて、抑圧から解き放った結果、チームにピリピリとした緊張感はなくなりました。私は良い伝統まで途絶えてしまったように感じていました。

監督就任の打診を断り現役を続行

2001年シーズンを最後に東尾監督が退任するとき、球団から私に監督になってほしいと打診がありました。私がまだ現役を続行したいと言うと、それならば選手兼任でいいから監督をやってほしいと言われました。

「そんな、兼任なんて余計にできません」と固辞しました。

2006〜2007年の古田敦也（ヤクルト）、2014〜2015年の谷繁元信（中日）と、その後には選手兼任監督（プレーイングマネージャー）が誕生していますが、その時点では野村克也さん（南海）が退任した1977年以来、24年間も選手兼任監督は誕生していません。そんなことが現実にできるとも思えませんでした。

やってもらわないと球団としても困る——相手もなかなか引き下がってくれません。

そもそも私はキャッチャーとしてレギュラーになってから、幹部候補生だとか、将来は監督だとかって、ずっと言われていて、もうそれが嫌で嫌で仕方がなかったんです。キャッチャーというポジションは、そう見られることが多いのはわかってはいたのですが、そんな監督になるなどという将来ビジョンも青写真も本当に持ったことがありませんでした。

しかし、黄金時代を知る選手、将来球団に残るべき選手がどんどんダイエーや他球団に移籍する現状は見てきましたし、「伊東だけは」と引き留められた経緯もありますし、お世話になった球団に恩返ししなくてはいけないとは思っていました。

そこで、「兼任コーチだったら」と妥協案を出しました。球団からは、2年後には絶対に監督をやってもらう。この2年間は猶予と思って、コーチで準備をしてほしいと言われました。

正直、その時点で2年後に現役を引退するという具体的なイメージもなかったのですが、この場はそのあたりを落としどころにするしかなかったという感じでした。

その議論の中で、「お前が監督をやらなきゃ誰がやるんだ。代わりに誰がいるんだ」

と言われて、私は「伊原さんがいるじゃないですか」と言いました。その後の経緯は私の知るところではありませんが、結果として次の監督に伊原春樹さんが就任しました。

ネジを巻き直した伊原監督

伊原さんは広岡イズムの継承者です。キャンプでの練習メニュー改革を含め、緩んでいたチームのネジを巻き直すことに成功しました。もともと黄金期西武の「鬼軍曹」ですから、緊張感をもたらすのはお手のものでした。

前年49ホームランを打った2年目のアレックス・カブレラにも容赦なくカミナリを落としていました。カブレラもびっくりしていましたが、この2年目は当時の日本タイ記録となるホームラン55本でホームラン王。打率・336、115打点はいずれもリーグ2位、長打率と出塁率の合計であるOPSは、実に1・223というすさまじい成績でチームを引っぱりました。

もうひとり、この年に大ブレークしたのが和田一浩です。東北福祉大、神戸製鋼を経てこの年が6年目。当初はいわゆる「打てる捕手」として頭角を現し、私から正捕手を奪うところまではいかなかったものの、前の年は「松坂大輔専属」のように捕手として先発したり、バッティングを生かして外野手として先発したりと試合に出られるようになっていました。

伊原さんは、和田をキャッチャーとしては使わないと明言し、レフトまたはDHで1年間5番打者としてほぼ固定しました。和田も期待に応えて、打率・319、ホームラン33本、打点81の大活躍でした。

30歳にして初めて規定打席に到達した遅咲きの花は首位打者争いの常連となり、2005年には念願の首位打者を獲得するなど、その後も西武で活躍。2008年シーズンからは、中日にFA移籍し、42歳で引退するまで、通算2050安打、319本塁打を積み重ねました。伊原さんの判断があったからだと言えるでしょう。

この年トリプルスリーを達成した松井稼頭央に加えて、カブレラ、和田という右の大砲が2門機能したことで、攻撃力は爆発的に上がり、チーム打率もチーム本塁打数もリーグ1位でした。

兼任コーチの正直な気持ち

伊原さんといえば、森監督時代の1987年、巨人との日本シリーズ第6戦、2対1と1点リードの8回裏二死、秋山のセンター前ヒットで一塁走者の辻さんが一気にホームインした「伝説の走塁」が有名です。

もちろん走った辻さんの俊足も素晴らしかったのですが、あれは伊原さんが生み出したプレーなのは間違いありません。というのも、試合前のミーティングの時点から、クロマティの緩慢な送球を指摘し、一塁走者が三塁へ進むのはもちろんのこと、本塁まで行けるケースがあると言い続けていたのです。伊原さんにしてみれば、狙っていたプレーであり、走者の辻さんも想定内のプレーでした。

監督になった伊原さんは、そうした抜け目のない走塁や小技も復活させました。チーム盗塁数もリーグ1位でした。

投手力でも防御率リーグ1位。西口文也が15勝、森慎二が最優秀中継ぎ投手、豊田清が最優秀救援投手に輝きました。

その結果、終わってみれば90勝49敗1分け、実に貯金を41もつくってぶっちぎりのリーグ優勝でした。

就任1年目で偉業を成しとげた伊原さんですが、カンフル剤というか、ショック療法というか、そういう効果も強かったように思いました。

伊原さんの指導スタイルは、良く言えば「ブレない」、悪く言えば、強権的で頑固。誰の目から見ても「白」でも、「オレが黒と言ったら黒」というスタイルで、簡単に言ってしまうと「コーチ泣かせの監督」でした。

そうなると、遠征時の宿泊先での食事会にだんだんとコーチが集まらなくなっていきます。その気持ちは私にもよくわかりましたが、兼任コーチの私の役目はヘッドコーチ。私までそっぽを向いて、食事会に行かないわけにはいきません。この2年間のコーチ生活は、コーチたちのなだめ役に徹していました。いろんな意味で、この経験は自分にとってとても勉強になりました。

さて、ヘッドコーチとして監督を支えるという役目とともに、次世代主戦捕手を育成することも私に託された仕事でした。

でも、正直なところまだ後輩たちに負けているとは思えず、「2年の猶予」と言い渡されたものの、まだまだ現役を辞めるつもりも、ポジションを譲る気もありませんでした。そのため兼任コーチ1年目は、後輩たちには教えるべきことの半分くらいしか教えませんでした。負けてはいないけれども、うかうかしていると負けてしまうという危機感はありました。だから、教えてしまったら、自分の出番が奪われるという嫌らしい気持ちがあったのは事実です。

一方で、ポジションというのは奪い取るものですし、リードも自分で編み出すもの。そういう考えもありました。

先にも書きましたが、兼任コーチ2年目には現役生活で初めての肉離れと再発を経験しました。肉体の衰えを痛感し、引退を決めました。

それからは、惜しみなく後輩たちに自分のやってきたことや、考え方などを伝えていきました。

ついに自分が監督になる

2003年までで、私に与えられた「猶予期間」の2年が終わりました。

予定通り西武を退団した伊原さんは、間髪入れずオリックスの監督に就任しました。退任したばかりの監督が、同一リーグの別チームで監督をするというのは、かなり珍しいことじゃないかと思います。正直なところ、私もびっくりしました。

ただ、この年はオリックスは近鉄との合併騒動で激震に巻き込まれます。ただでさえ動揺する選手たちと、伊原さんの「ワンマンなスタイル」がまったくフィットせず、1年目のシーズン終了を待たずに退団となりました。

私は現役を引退し、監督に就任しました。それにあたって、堤義明会長からは「監督を10年やってくれ」と言われましたが、この世界、いつでも勝敗の責任を取らなければいけないのが監督だと思っていましたので、1年1年の勝負に専念させてもらいたいと答えました。

コーチングスタッフについては、私の思うように「組閣」させてもらいました。

担当コーチと情報共有しながら、任せる部分はしっかり任せて、最終的な責任は監督が負う。そんなふうに責任の所在を明確にするためにも、監督自身が信頼してコーチを任命することが大事だと思います。

これは必ずしもその当時の話ではなく、あくまでも一般論ですが、成績が少し芳しくないときは、球団から配置転換をしてはどうかと言ってくることがあります。チーム防御率が悪ければピッチングコーチを代えてはどうかとか、チーム打率が悪ければ打撃コーチを代えてはどうかとか……。

私の場合は「1年間は何があろうと、この体制でいくと決めたので触りません」と言って、受け付けませんでした。

ある程度、我慢しながら取り組んでいることだってありますし、まだ最終的な結果はどうなるかわかりません。誰だってシーズン途中で更迭されれば無念でしょう。何より任命したのは私なのですから、最終結果の責任を取るのは監督である自分でないとおかしい。私は西武、ロッテで監督をしている間、そう思っていました。

また最近では、シーズン途中で一、二軍のバッティングコーチやピッチングコーチを入れ替えるのをよく見ます。あれはいったいなんなんだろうと不思議に思います。効果があるかどうかより、「手は打ちました」とばかりに、世間体を取り繕うようなものではないでしょうか。

ただ、球団主導でコーチングスタッフを組閣したものの、どうしても監督として使いにくいコーチがいる場合などは、ああやってシーズン中に一、二軍を入れ替えるのかもしれません。監督の希望に添った指導をしてくれないとか、意思疎通がうまくいかないとか、そんなときは、いちおう球団からの人事異動という体《てい》にして、監督を助けるということもありそうです。

そもそも一軍と二軍とではコーチの役割も、求められる資質もまったく違います。たとえばバッテリーコーチで言えば、二軍であれば基礎的な動きを体に染みこませる訓練がメインです。自分で考えて、自分で成長する、その後押しが仕事です。選手育成への情熱が重要な仕事です。

しかし、一軍のバッテリーコーチは、まったく違います。今まさに行われている試合について、選手からの質問に即答しなくてはいけません。この試合に勝つ方法を、的確にアドバイスできなくてはならないのです。なので、試合を一緒に戦っている必要があります。

「オレの経験ではこうだったよ」といった言葉なら説得力もありますし、選手にとって助けになります。一軍での試合経験が絶対条件だと言えるでしょう。

バッテリーコーチを例に説明しましたが、一、二軍のコーチの違いは概ねそういうことです。だから、本来は同じコーチでも向き不向きがあるはずですから、おいそれと「一、二軍チェンジ」なんてできないはずなんです。

プロフェッショナルに徹してくれた土井さん

私の監督1年目、2004年シーズンに向けた、コーチングスタッフの組閣で、特にキーマンになったのが、ヘッド兼バッティングコーチの土井正博さんでした。

土井さんは私が選手の頃のバッティングコーチで、年齢的には19歳も上の大先輩です。温厚で、誰からも慕われる人柄。ヘッドをお願いすると快く引き受けてくださり、その瞬間から「教え子」でもある私を監督と呼び、必ず敬語で話をされるようになりました。それは、ヘッドコーチは監督を支えるのが仕事だという、徹底したプロ意識だと感じました。

監督はその時々で勝利のために最善の選択をしていくのが仕事ですから、あえて非情にならなくてはいけないこともあります。選手個人個人にしてみれば、面白くないこともあります。それが軋轢《あつれき》にならないよう、担当コーチから監督の真意を伝えたり、逆に選手の思いを聞き取ったりすることも必要です。

土井さんは、極論すれば私の耳に余計な情報が入ってこないよう、盾となることに徹していました。決して横暴に振る舞うこともなく、間違ったことも言わず、コーチ陣からも選手たちからも信頼されたヘッドコーチで、チームにとって大きな存在でした。

結局、私が西武で指揮を執った4シーズンの間、土井さんだけでなく、主要なコーチはずっと固定しました。ピッチングコーチは荒木大輔で、ローテーションも一任しました。打撃コーチは、土井さんと立花義家さん。技術も理論も確かな二人に任せて安心でした。内野守備走塁コーチ・一塁ベースコーチは笘篠誠治、外野守備走塁コーチ・三塁ベースコーチは清水雅治、バッテリーコーチに植田幸弘と、一枚岩のコーチングスタッフができました。

それもこれも、ヘッドの土井さんのおかげだと感謝しています。

選手との距離感

選手兼任のヘッドコーチから監督になるにあたり意識して変えたことは、選手との距離でした。

広岡さん・森さんが監督だった頃は、監督と選手の間には近づけないほどの距離がありました。コーチと担当選手の間も、野球の技術についてなど「仕事の話」をすることがあっても、雑談をすることもありませんでしたし、一緒に食事をすることだってありませんでした。そこに線が引かれているからこそ、評価や起用方法において公平になれる、ときには非情にもなれるという考え方だったのだと思います。

これは別に広岡さん独自で考え出されたものでもなんでもなく、日本の野球は昔からそうでした。いや、ベースボール発祥の地・アメリカでも、軍隊や戦争を模した競技として、チームは「指揮官と兵隊」のように運営されてきました。

そう考えると、東尾さんのように、監督自らが選手と飲んだり、遊んだりするのは画期的ではありましたが、やはり情に左右されているように見えてしまう弊害を感じていました。

監督になった私は、基本的には選手たちとはしっかりと距離を取ることを選びました。それまでは、和田一浩を一番かわいがっていて、どこへ行くにも「ベン（和田の愛称）、行くぞ」と引き連れていました。

それはチームメイトみんなが知っていることでしたから、なおのこと、ベンにも伝えた上で付き合い方を変えました。

その頃から20年以上の時が流れた現在、プロ野球で前時代的な軍隊式の指導は見なくなりました。

暴力を振るわなくても指導はできる。怒鳴らなくても強くできる。アマチュア野球の指導者が変わってきて、選手たちも変わりました。

当然、プロ野球にもかつては存在した鉄拳制裁などなくなり、首脳陣と選手たちのコミュニケーションの取り方、距離感の取り方も多様化してきました。

従来の距離感を保っている監督もいれば、距離を縮めた監督もいます。それは考え方ひとつであり、それぞれの監督の個性にマッチし、より結果が出やすいものを選べばよいのだと思います。

迷いなく練習の質と量をアップ

さて、監督としてあらためて預かった選手たちを見ていくと、下半身の線が細く、強さに欠ける選手が多く、頼りなさを感じました。技術的にも、まだまだやらなきゃいけないことが山積みです。しかしそれは、練習次第でまだまだ成長できそうだという意味でもありました。

どの選手もやることだらけ。でも、なんといってもまずは体の土台づくり。焦ることなく体力アップから始めました。

練習の質と量の向上。それについて迷いはありませんでした。自分自身が若い頃にしっかりと練習をしたから、選手として長く活躍できたという思いは強く、また、黄金期の西武ライオンズが強かったのは、いい練習を必要なだけやっていたからだという確信があったからでした。

といってもすでに時代が変わって、広岡監督時代の管理野球は古くさくなっていましたし、私自身、あまりにもがんじがらめに管理されることへの不快感は十分感じていましたので、時代に合わせて多少緩めました。

休養日は確保しましたし、練習の強弱もメリハリがつくよう工夫もしました。練習中から試合さながらのプレッシャーをかけるといっても、言葉や行為が暴力的にならないよう気をつけました。

ただ、私が常に思っていることは、時代が変わったからこそ、なおのこと昔の野球観、ストイックにやりぬく選手は、他の選手を凌駕《りょうが》できるということです。大谷翔平はもちろん傑出した才能の持ち主ですが、これほど偉大な選手になったのは、昭和の選手たちをしのぐような自己管理、ストイックさがあったからでしょう。

結局やるべきことをやった選手が勝ち、やった選手が生き残るのがこの世界だという考え方が私にはありましたから、選手たちにもそれは伝え、ひたむきな努力を期待しました。

練習はきつかったと思います。やっぱり一番は練習量です。つくり上げていかなきゃいけないタイプの選手が多かったので、キャンプも含めて、シーズン中もたっぷりやってもらいました。

「稼頭央のあと」のナカジに我慢

与えられた戦力で勝つことに集中するしかない……とは思いましたが、現実的にはなかなか厳しいものがありました。

チームの中核を担っていた松井稼頭央がＦＡでニューヨーク・メッツに移籍し、攻撃力は大幅にダウンするだろうというのがもっぱらの下馬評でした。

さらに、オープン戦で主砲カブレラが骨折してしまうというアクシデントが発生。かなり苦しいスタートになりました。

稼頭央の代役には中島裕之（宏之）を抜擢《ばってき》しました。ナカジを稼頭央の後釜に据えるのは球団の計画どおりでしたが、高校まで投手をしていたナカジはまだショートの守備には課題も多く、レギュラーは難しいという声もありました。

でも、上で使わないと伸びないのがプロ野球選手です。ナカジには、「お前を1年間ずっとショートで使い続けるからな。ミスしても何しても、俺は文句言わないから」と言いました。体力的にはなんの問題もなかったので、あとは試合をこなすだけだと思っていました。

実際、ミスは多かったですが、一切何も言いませんでした。すべてわかっていて使っている私の責任ですから。我慢して使った甲斐があって、しっかりと結果を残してくれました。

カブレラの穴を埋めてくれたのが、前年までロッテでプレーしていたホセ・フェルナンデスでした。前の年も十分な成績を残していましたが、ロッテの監督にボビー・バレンタインが就任すると戦力外に。すかさず西武が獲得したのでした。

フェルナンデスは、ホームラン33本、打点94の大活躍。6月から復帰したカブレラや、実績を重ねてきた和田とともに、ポイントゲッターとして機能しました。

切り替えの速さで細川が正捕手に

そして、私が抜けたあとのキャッチャーも問題でした。

その当時、次のレギュラー候補だったキャッチャーは、細川亨と野田浩輔でした。現在でこそ、夏の異常気象のせいもあるのかもしれませんが、2人あるいは3人のキャッチャーを併用するチームが主流です。しかし、当時の私の考えとしては、経験を積んで成長していかなければ主戦になれませんから、早い段階でどちらかを正捕手に決めて、ぶれずに使っていくのが大事だと考えていました。

当初は双方にチャンスを与えて、競い合っていましたが、最終的には細川が正捕手の座を摑む形になりました。

決め手となったのはタフさ。当時はコリジョンルールもなく、捕手はハードなコンタクトに耐えられる頑丈さが求められました。

さらに細川には、精神的なタフさもありました。とにかく経験が乏しく、いかに失点を防ぐかの考え方ができていなかったため、指摘すべきことが次から次へと出てきました。毎試合毎試合、終わってからミーティングをしました。戦術理解に時間がかかり、教えるほうはもちろん、教わるほうも苦労したと思います。

何度も何度も同じことを繰り返し厳しく指導し、細川も自分でできていないことを自覚して、毎日悔しがっていました。

でも、次の日はケロッとしていて、落ち込んだところは見せないんです。「打たれ強さ」と「切り替えの速さ」があったんですね。

プロ野球は毎日試合がありますので、どんどん切り替えていかないとやっていけません。そういう意味では、細川はプロ向きのキャッチャーでした。

細川は成長に時間がかかるタイプの選手でしたが、成長を加速してくれる一番の起爆剤は試合で勝つこと。試合に出続ける、そこで勝つ。こうすれば勝てるんだ、という感覚が少しずつ体に染みこんでくると、それが自信となって、リードも良くなっていく。

すると、周囲を冷静に見渡す余裕も出てきて、また勝てるようになる……そういう好循環になっていきます。

だんだんと年齢が下の選手に対して助言をしたり、引っぱっていくような発言が出たりと、正捕手らしい振る舞いが見られるようになっていきました。

これでもう大丈夫だと、安心しました。

プレーオフを制して1年目でリーグ優勝

レギュラーシーズンでは、ずっとダイエーを僅差で追いかける展開になりました。ピッチャーも松坂、西口、そして帆足和幸の3人が二桁勝利をマーク。豊田清、星野智樹らリリーフ陣も踏ん張り、最後の最後まで激しい優勝争いを展開しました。

最後は振り切られて、2位でリーグ戦を終えました。

しかし、この年はこれで終わりではありませんでした。先にも述べたように、合併騒動からリーグ再編騒動、ストライキ実施と、激動でした。それくらいパ・リーグ各チームは追い込まれていたのです。

そこでパ・リーグ単独で新たなレギュレーションを採用しました。リーグ優勝は、3位までが出場できるプレーオフの勝者ということになったのです。

2位・西武は、3位・北海道日本ハムとのファーストステージを2勝1敗で勝ち上がり、1位・ダイエーとのセカンドステージへ進出。

ファーストステージの勢いそのままに、3勝2敗でダイエーを退け、リーグ優勝を勝ち取りました。

当初から賛否両論のプレーオフでしたが、3位まで優勝の可能性が残されるとあって、消化試合が激減。また、リーグを首位で終えても「優勝」ではないという残酷さも相まって、プレーオフは盛り上がりました。

その後、優勝の定義や1勝分のアドバンテージが与えられるなどの改良を加えた上で、セ・パ共通のクライマックスシリーズへと発展していきました。

たくましくなった選手たちが日本一を摑む

日本シリーズが始まる前の練習で、選手たちの姿を遠くから眺めたときに、1年前の秋季練習で見た、頼りなかった選手たちが、こんなにも大きくたくましく成長したことに感慨深い思いでした。

もちろん、堤会長以下、フロントも現場も心をひとつにして、もう一度日本一を摑もうと努力したことが実を結んだのは間違いありません。東尾さん、伊原さんが監督の時代に力をつけた選手たちが支えてくれたことも大きな原動力です。

でもやっぱり、この栄誉を摑んでくれたのは、この年に大きく成長してくれた選手たち自身の力です。厳しく苦しい練習に耐えて、精神的にも強くなり、今この舞台に立っている選手たちが誇らしく、監督冥利《みょうり》に尽きると思いました。

日本シリーズの相手は、やはりこの年から監督に就任した落合博満監督率いる中日ドラゴンズ。2勝3敗と先に王手をかけられましたが、敵地ナゴヤドームに移動した第6戦は、和田が2本のホームランを打って逆転勝ち。

勝負の最終第7戦は、序盤の大量点で圧倒し、西武ライオンズは崖っぷちからの連勝で森監督時代から12年ぶりの日本一を勝ち取りました。

選手としてずっとやってきたチームで、各選手の持ち味や性格を把握できていたというアドバンテージを生かして、監督1年目から最高の結果を出せたことには、安堵《あんど》感と満足感がありました。

日本一から一転して球界再編の動き

日本シリーズ優勝から1週間後、堤会長からチームを身売りすることになるという電話がありました。監督就任時には「10年やってもらう」という言葉をもらいましたが、西武ライオンズを取り巻く環境は、10年先はおろか、1年先のことも約束できない事態になっていたのです。

その堤会長は、２００４年４月に総会屋利益供与事件の責任を取って西武鉄道の会長を辞任。

日本シリーズの歓喜の瞬間と時を同じくするように、10月には証券取引法違反（有価証券報告書の虚偽記載とインサイダー取引）の容疑がかかり、西武鉄道、親会社のコクド、西武ライオンズなど、西武鉄道グループすべての役職を辞任しました。

企業の「変調」は、西武鉄道グループだけのことではありませんでした。２０００年代初頭の世界的な不況は、「世界同時減速」と呼ばれ、日本をリードしてきた多くの大企業がその波に飲み込まれ、経営改善を強いられていました。

２００４年６月、オリックスが近鉄を吸収合併するという報道から、球界再編の動きが活発化します。７月、オーナー会議に参加した堤会長が、「第２の合併がある」と言及し、オーナー会議の議論が10球団１リーグ制に向けて進んでいることが伝わってきました。

その後、選手会によるプロ野球史上初のストライキがあり、さらに楽天の新規参入があり、どうにか12球団２リーグ制が維持されることになりました。

また、野球チームとしてはまさに黄金期を迎えていたダイエーが、本業の不調からソフトバンクに球団を身売りをしました。一代で巨大スーパーチェーンを築いた中内㓛オーナーも堤会長と同様にプロ野球界、経済界から姿を消していきました。

堤会長は罪に問われたのですから、すべてを礼賛してはいけないのでしょう。しかし、刑を済ませ、財産をなげうって賠償も完了させ、けじめをつけられました。

特に我々野球人、ライオンズの一員にとっては、本当に大切な方でした。大きな投資でチームを買収し、日本一強いチームにするという強い意志で、関係者全員を引っぱってくれました。野球だけでなく、あらゆるスポーツを支援振興し、豊かな社会にしてくれた功績は、いつまでもたたえられてよいと思っています。

鍛え甲斐のある選手に「投資」する

私はチームを指揮していて、自分の保身を考えたことなどありません。成績が悪ければ、責任を取らなくてはならないのだろうと考えていました。

自分にできるのは、与えられた戦力を鍛えて、力を発揮させることしかありません。

今思うと、円熟期を迎えていた野手は、小関竜也や高木浩之らごく一部。細川、ナカジをはじめ、赤田将吾、G.G.佐藤、そしてまだ時間はかかりましたが中村剛也、栗山巧……と、当時は実績は乏しかったものの、将来に向けて鍛え甲斐のある選手たちが揃っていました。

2005年には涌井秀章、片岡易之（保幸）が、2006年には炭谷銀仁朗が、2007年には岸孝之が加わり、投手陣も含め、世代交代の過渡期にありました。

こうして当時の選手たちを振り返ると、そのあとの長い間、一線級の選手として活躍した、あるいは現在もなお活躍している選手たちが多いことに気づきます。それぞれ若い頃の厳しい練習を、しっかりと自分の財産にできたのだろうと思います。

私は、ある程度「こいつだ」と思った選手には、投資だと思ってしっかりと試合に出すことを意識していました。中途半端が一番嫌だったので、自分の中で決めたら、何があってもまずは我慢して、この選手を使い続けようと思っていました。やっぱり、大概の選手は1年間一軍で使い続けていると、どんどん良くなってくるものです。

ただ、1年が終わって次の年。今度はその伸びた地点がスタートラインだと、こちらは思っているわけなのです。そこから普通はこう伸びるだろうと計算するし、期待もしているのですが、年が明けたら、現状維持すらままならず大きく後退しているという選手もたまにいます。「冬の間、何をしていたんだ?」と、首をかしげたくなるような……。内心ではガックリしていますが、まあそういう選手はそこから焦っても、なかなか巻き返せず、逆に前年悔しい思いをした選手が抜き去っていくことになります。私も、そういうケースは早い段階で見切りを付けました。

炭谷と細川の正捕手争い

正捕手は、細川を使い続けたいと考えていましたが、2005年の高校生ドラフトで指名した炭谷銀仁朗はそのプランを覆しました。

高卒1年目、2006年春のキャンプで見た炭谷は、どこにも悪いところが見当たらない、まったく手がかからないほど、キャッチャーとして完成されていました。植田バッテリーコーチも同意見でした。

関節が柔らかいし、体も強い。ブロッキングにしても、スローイングにしても、足の運びから基本の動きが体に染み込んでいるのがわかります。

聞いてみると、炭谷が平安高校にいた頃、上のレベルでキャッチャーをやっていた指導者がいて、その人に細かいところまで全部教えてもらったということでした。本当に触るところがありませんでした。

あとはもうピッチャーの球の速さだとか、変化球のキレだとか、プロのレベルに慣れて対応していけばいいと思いましたが、それも難なくクリアしました。

それで、オープン戦で積極的に使ってみましたが、インコースもうまく使ったリードをするし、経験のあるピッチャーとも、自分から近づいていって普通にコミュニケーションを取りながら、イニングを進めていきます。

この若さでこれだけできれば、伸びしろの大きさが期待できる分だけ、細川より優先して使っていこうと決めました。

といっても、高校生キャッチャーがそのまま1年間マスクをかぶれるほどプロは甘くありません。そこまでは考えていませんでした。

細川に対して、こんなところで高校生にスタメンマスク取られちゃダメだろうという、そういうメッセージ的な意味もありました。

開幕戦、私はベンチの後ろで見ていました。目の前には細川が座っていました。その背中が寂しそうでした。そりゃあ悔しいですよね。2年間守ってきたレギュラーを高校生ルーキーに奪われたんですから。

言葉にこそ出していませんが、心の中では「お前、こんなところで座っている場合じゃないだろう。悔しいだろう」と、呼びかけていました。

どこかおっとりしたところのある細川でしたが、きっとその気持ちは伝わったんじゃないかと思います。この経験が細川の闘志に火を付け、またレギュラーを奪い返す原動力になったのは間違いないと思います。

初めてのBクラスで監督解任

2005年は優勝したロッテからは大きく水を空けられ3位に。

2006年は最後の最後まで日本ハムと1位争いを繰り広げましたが、最後はわずか

1ゲーム差で2位に終わりました。ともにプレーオフでは、ファーストステージで敗退してしまいました。

そのオフ、エース松坂大輔がボストン・レッドソックスへ移籍。涌井を中心に残った選手たちも頑張りましたが、やはり大エースの抜けた穴は大きいものがありました。

エースの日は勝てるという信頼がチームにありますから、安心して力を出せる。エースがいるから大連敗しないで済むというのもあります。

事実、この2007年シーズンは、今まで経験したことのない10連敗に見舞われたこともあり、また主力の故障も多く、リーグ戦は5位に沈みました。いわゆる借金は10。まさにあの大連敗さえなければ……と悔やまれるシーズンでした。

就任後初めてのBクラスで、この年からセ・パ両リーグで導入されることになったクライマックスシリーズには出場できませんでした。

しかし、経験を積んできた若い選手たちが力を発揮できる状態にはなってきていましたから、来年は絶対に優勝争いができる。勝負になる。そういう思いでチームを見ていました。

実際その「来年」、選手たちは躍動し、日本一になりましたが、残念ながらチームの指揮を執ったのは私ではなく、渡辺久信監督でした。

私は、2007年の最終戦を最後に、長年着続けた西武ライオンズのユニフォームを脱ぐことになりました。

成績が不振であった——これは事実です。

私とフロントの関係がこじれてしまっていた——これも事実でした。

シーズン最終戦で、対戦相手のソフトバンク・王監督から花束を贈呈していただき、試合後には退任の記者会見も開いていただき、円満な退団に見えるよう努めましたが、実際は決してそういうわけではありませんでした。

監督は即断即決

実際に監督をやってみて、プロ野球の監督にはたくさんの資質が求められるというのを実感しました。

監督は現場のトップですから、「組織の運営者」でなければなりません。現場で起きることはすべて監督の責任です。といっても、なんでも自分ひとりでできるわけではないので、コーチングスタッフに権限を移譲して仕事を任せる必要があります。そのためには、意思を共有するためのコミュニケーションが重要です。

チームの戦力を整えるのは主にフロント（編成）の仕事ですが、与えられた戦力が力を発揮できるように強化したり、故障などにより穴があかないよう、シーズンを通した危機管理を行う「マネージャー」でなければなりません。

チームの状態が悪くなったときや、大事な試合に向けて気持ちを鼓舞する「モチベーター」の資質を生かす監督もいますし、戦う軍団を結束させ、率いていく「リーダー」タイプの監督もいます。

さらに日本のプロ野球の場合は、現役時代の人気という資質も、観客数を増やすために重視されているように思います。

監督に必要な資質は数々ありますが、私が最も重要な資質だと考えるのは、「コマンダー」として「即断即決」することです。

勝負の大半は戦力で決まります。しかし、試合中に選択する戦術によって状況を変えられる部分も決して小さくありません。投手交代の人選とタイミング、攻撃での作戦、守備での作戦、代打や代走の人選とタイミングなど、1試合の中でも監督が決断すべき選択肢は非常にたくさんあります。

判断するための情報提供や推薦までは、コーチたちの協力もあります。しかし、必要なタイミングに遅れることなく、どの選択肢を採用するか決断するのは監督です。

その決断が正しかったかどうかの答え合わせは、その試合中すぐに出ます。それをコーチたちも、選手たちも見ていて、「正答率」が高ければうちの監督は強いという求心力になっていきますし、低ければチームメンバーの心が離れていきます。

だから監督は、根っこの部分で孤独です。それが受け入れられなければ、とても務まりません。

第四章　新たなる黄金時代を求めて

第2回WBC侍ジャパンで「ヘッド」を経験

西武ライオンズのユニフォームを脱ぎ、2008年シーズンは、NHKの解説者、サンケイスポーツ、共同通信社、週刊ベースボールなどで野球評論家活動を行いました。ワールドシリーズの取材もさせてもらい、見聞を広める機会になりました。

その頃、原辰徳さんから電話をもらい、2009年春に行われる第2回WBCに向けて日本代表（この大会から「侍ジャパン」の名称が使われるようになりました）のコーチになってほしいと打診されました。それまで日の丸とはまるで縁がありませんでしたので、大変名誉に感じて喜んで引き受けました。

コーチ陣では先輩もいる中、ヘッド格の総合コーチとして原監督を支える仕事を任されました。監督を経験したことで、より監督をフォローすることの重要さを感じていましたので、ベストを尽くすと心に誓ったことを覚えています。

実際は、イチロー、稲葉篤紀という二人のリーダーが選手たちをまとめ上げる成熟したチームで、コーチ陣としては本当に手がかかりませんでした。

当時はまだ2023年の第5回WBCのような、MLB各球団の本格的なバックアップはなく、アメリカチームの本気度も低かったのですが、韓国との決勝戦は国民的な注目を集める一戦になりました。延長10回表、イチローの2点タイムリー。最後はダルビッシュ有が抑えて、2大会連続の世界一に輝きました。

日の丸を背負って戦うことの重さを知り、大きな大会を勝ち切った選手たちに頼もしさを感じた思い出深い大会でした。

韓国LGの春キャンプで臨時コーチ

2011年春、韓国プロ野球（KBO）のLGツインズの春季キャンプに、臨時コーチとして来てほしいというオファーがあり、受けることにしました。

その2年前のWBCでは、東京ラウンドで負け、決勝では延長の末、退けるという実力伯仲でした。いったい韓国のプロ野球はどのようなものなのだろうという興味がありました。

初めのうちは、どういう練習をするのかと、ずっと見ていました。そして、日本で行われている練習方法などを提案したり、練習中に意識するポイントをアドバイスしたりしました。

率直な感想として一番に思ったのは、練習環境が日本のようには整っていないということでした。指導者もそうですが、私たちが裏方さんと呼ぶスタッフの数が足りないのです。スケジュールを管理するマネージャーや、練習に必要な器具、機材を準備する用具係、バッティングピッチャー、ブルペンキャッチャー、ボール拾い、トレーナー……何から何まで人が足りていません。

ひとりの人が何役も兼ねないと、キャンプの練習が何ひとつ回らない。結果的には、たとえ時間を確保していても、中身のある練習がなかなかできないということになってしまいます。

このあたりは、歴史そのものはそこそこあっても、韓国では産業としてのプロ野球があまり発展していないということを感じました。

それと同時に、日本の選手たちは恵まれているのだなと、あらためて感じました。

もうひとつ、韓国で「異文化」を体験しました。それは、食事を一番大事にするということです。

西武ライオンズ方式は、バッティング回りの1項目として「軽食」が入るスタイルでしたが、韓国のチームではそんなことは絶対にできません。あり得ません。

練習メニューで12時30分から昼食となっていたら、12時20分に一斉に練習はストップ。何をしていたとしても打ち切って、昼食を食べに行きます。

昼食の時間は1時間半くらい取ります。2時までしっかり食べます。そんなに食べたら動けないだろうというくらいすごい量を食べます。

そして、2時から1時間ほど練習をして、終わりです。終わりの時間も、3時なら3時と決めたら、とにかくそれで終わりです。

それだったら、何かもう少し別のやり方を考えてもいいのではないかと思うのですが、どうやらそれはできないようです。練習することよりも、食事のほうがメインなんです。

そうした事情をいろいろ知って、こういう練習をしている選手たちに負けるはずがないと思ったのですが、代表チームと対戦するといつも本当に接戦になります。絶対的に層が薄いけれど、トップの選手たちは実力があり、そして特に「対日本」では別人のように目の色を変えて挑んでくる――不思議な韓国野球をもっともっと知ってみたいと思いました。

斗山ベアーズで異例の記者会見

翌年2012年には、LGとは別のチーム、斗山《トゥサン》ベアーズからオファーがありました。斗山はLGと同じ蚕室《チャムシル》野球場を本拠地としていました。昔の巨人と日本ハムのような感じですね。

その斗山の監督が代わるのだけれども、経験がないのでぜひ手助けをしてほしいのだということでした。本当は監督をやってもらいたいくらいなのだけれども、日本人を監督にするわけにはいかないので、ヘッドコーチを頼みたいというオファーでした。

今回は、キャンプの臨時ではなくシーズンを通じたコーチ。本腰を入れてお世話になることにしました。

「なんであなたのようなキャリアの人が韓国に来たのか？」――韓国の人たちから驚きで迎えられました。時代はすでにネット社会、特に韓国のネット文化はものすごく発展しており、私のような経歴の人が韓国チームでコーチをするのが異例のことだとメディアで取り上げられました。

「こんなことは異例です」と言われながら、記者会見をしました。オファーの内容やきっかけなどを話しました。ＷＢＣのこと、これから先、ＷＢＣを盛り上げていくには日本と韓国がリーダーとなって引っぱっていかないといけないという話もしました。それが本格参戦のスタートでした。

今回は、前回の臨時コーチと違い、チーム強化の手助けをしようと考えました。キャンプでは、練習内容なども含めて発言を求められましたので、バッティング練習の中にバントや右打ちといった小技も組み込んでいきたいと言いました。

首脳陣はある程度理解を示してくれましたが、本気で納得していたかはわかりません。とにかく、選手たちはまったくそういうことをやってきていませんから、要領がまったくわかっていないのです。というよりも、関心もないし、必要だとも思っていなかったというのが正しいかもしれません。

だから、ただただやらされている、やっているというだけの練習でした。

そこで、なぜこういうバントが重要なのかを説明しました。試合の終盤になったら、1点が大事になってくる。だから、ランナーを進塁させる技術が絶対必要だ。こういうことを身につけるのは今の時期が一番いいからと、選手たちに何度も何度も言い聞かせたのですが、やはり興味を示さないのです。

私は自分の説明が悪いのか、それとも選手たちの理解が悪いのかと考え込みましたが、やがてその理由がわかりました。

韓国プロ野球で30年前のプロ野球を思い出す

前年の経験から、練習の内容とか選手たちの傾向とか、そういったものはある程度摑めていましたが、実際にレギュラーシーズンの試合をやってみて、またあらためて日本とのギャップに驚く日々でした。

特にショッキングだったのが、私が力説していた「試合終盤の1点の重さ」という前提条件が、韓国野球には存在しないということでした。

その理由は、圧倒的に選手層が薄すぎるのです。先発ローテーションを回すピッチャーだって、いい投手ばかりではありません。そんな状況で、クローザーやセットアップという役割にいいピッチャーを据えられるわけがないのです。

そうすると何が起きるか。終盤、7回、8回、9回でめちゃくちゃに点が入るんです。ひどいときは10点以上も入ってしまう……。

これでは、私の説明に対して「意味不明」みたいな顔になるのは当たり前ですよね。放っといても点が入るのに、バントしてアウトを差し出すお人好しはいません。その実態を知って、早々に日本式の考え方を捨てて、小技がどうこうと言うのはやめることにしました。

前述のとおり、どこへ行っても、何をしても人手不足は当たり前。シャワー室はなく、ロッカーはボロボロ……。

ただ、ある意味では懐かしいという感覚もありました。私がプロ野球に入ったばかりの頃、西武は大きな資本を投じて素晴らしい設備、環境を提供してくれましたが、パ・リーグの全球団が同じような状況だったわけではありません。藤井寺球場や日生球場、それに川崎球場がちょうどこんな感じでした。球場の裏の通路でみんな着替えていましたから。当時の記憶がフラッシュバックして、30年前にタイムスリップしたような感覚でした。

ああ、昔はこうだったな。時が経って、今自分たちはやっぱり恵まれているんだなと思いました。そして、韓国もこのままではなく、もっと環境を良くしていかないといけないなとも思いました。

層を厚くするという考え方

それだけ野球が違うとなると、自分はどういうことで役立てるのだろうかと考え込んでしまいました。

そのチームは大体レギュラーが固定できているチームだったのですが、全体的に二番手の選手たちとの実力差がありました。

　キャッチャーも韓国を代表する力の選手がいました。そこで、二番手キャッチャーを育成することで、チーム力をアップできると考え、着手しました。

　すると、あるとき監督から、どうして二番手に教えて、レギュラーには教えないのですかと聞かれました。長いシーズンを考えたとき、もし正捕手が離脱してしまったら、チーム力が落ちてしまうので、もうひとり試合を任せられるキャッチャーを育てておかないと大変なことになると説明しました。

　おそらく、レギュラーにもっと教えてくれれば、もっと試合で活躍して勝てるようになる。二番手を教えても試合に出るかどうかわからないのだから、もったいない……そういう考え方なのだろうと思います。

　前提として正捕手は、教えなくても十分できる実力があるというのを話したので、理解はしてもらえたと思います。

　その二番手捕手は徹底的に教え込んだ結果、とても良くなって、今は別のチームに移籍して一線級で活躍しています。

このあたりも考え方や文化の違いを感じました。層を厚くするという発想がなく、エリートにとことん投資するというスタイルなんですね。だから、いつまで経っても層が薄いままなんです。

日本より国土も人口も少なく、野球の競技人口も少ないので、もともと裾野が狭い。それでもトップを世界で戦えるようにするために、集中的に強化するという考え方なんですね。だからトップはすごいけども、二番手以下には手を掛けないというのが当たり前でした。

「直系の先輩」は絶対

高校とか大学とか野球強豪校もまさにそのとおりで、とても少ないです。だいたい同じ出身校を卒業したエリート選手が各チームに分散してプロに入ってくる。

それで、儒教思想に基づく縦社会の国なので、後輩が先輩を押しのけてまで勝つというのがはばかられるんです。それもまた独特の文化でした。

学校が違う先輩後輩であればまだいいのですが、同じ学校の先輩後輩となると、ピッチャーはインコースに投げません。もし当てたら大変だからと……。

いつも同じバッターに打たれるものですから、ミーティングで言ったんです。もっと厳しく攻めろと。

「はい」とは言うのですが、毎回甘い攻めになって打たれる。厳しく行けない理由があるのでしょう。

これが韓国野球だということになると、もうどうすることもできません。選手たちも、そういうものだという感覚で野球をやっているようです。

だから、国際大会になると、そういった「しがらみ」のリミッターがすべて外れるから、とんでもない力を発揮するということだと思います。

こうした驚きは日常茶飯事でした。ある時は、ビジターとして遠征して、試合前にケータリングが用意されているロッカールームで食事をしていると、相手のチームの選手がひとり入ってきて、一緒になって食事しながら世間話をしているなんてこともありました。

何ごとかと思って聞いてみると、「いやいや、これ普通にみんなやっています」と言います。文化なので否定はしませんが、理解できないことが多かったです。

そしてシーズンの初めは、監督も私の話にも耳を傾けてくれたのですが、だんだんとチームの調子が良くなると、ちょっと独自路線をやりたくなったのか、手柄が自分のものであるとアピールしたいのか、私を軽く扱うようになってきました。そんな感じが見えてきたので、私も少し距離を置くようになりました。

選手たちも何か雰囲気がおかしいと感じます。これは迷惑をかけることになりそうだと思い、本当は2年契約だったのですが、8月に入ったぐらいで球団に今シーズン限りで退団させてもらうように話をしました。

なお、ここで述べた韓国プロ野球事情は、あくまで私が体験してきた2012年時点のことです。それから12年も経っていますので、現在の状況は変わっているかもしれません。

韓国でロッテの重光オーナー代行と会食

退団の申し出をした1週間後くらいの8月のある日、ロッテの重光昭夫オーナー代行（当時。現・オーナー）の秘書を名乗る方から電話がありました。「一度、代行と食事をしてください」とのことでした。

韓国にいて、韓国で食事をするというアポでしたから、いまひとつ調子が悪かった韓国プロ野球、ロッテ・ジャイアンツの監督？　コーチ？　そんな話じゃないかと当たりをつけていました。韓国の状況はわかったし、なかなかうまくいかないことが多いのも痛感したので、「勘弁してください」とお断りするつもりでした。

韓国のホテルで代行とふたりで食事をしたのですが、なかなか用件にたどり着きません。やがて、日本の千葉ロッテマリーンズの話題になりました。

「伊東さんはロッテ、どう思われますか？」と聞かれたので、「今年は見ていないのでわかりません。2007年に対戦していたときまでは、思い切って若い選手をもっと使ってもいいのではないかと思っていました」と言いました。すると、「ぜひ手伝ってくださいよ」と言われたので、「機会があったら、私でよければいつでも力を貸します」と答えました。

前日か数日前に、西村徳文監督の続投という記事を読んでいましたので、近い将来の話か、あるいは来季は二軍監督として準備か……そんな想像はしました。ところが、「では、来年から監督をお願いします」と切り出されて、驚きました。

西村監督続投と記事が出ていましたが……と言うと、「そういう事実はありません」というお返事。そして、急ぐのでできればすぐに、遅くとも1週間以内に答えをくださいということでした。

正直なところ、すぐにユニフォームを着てという気持ちでもなかったのですが、こういうものはタイミングだというのはわかっていました。

韓国では、何か自分の存在を否定されたような気持ちになっていたので、このままでは終われないという思いは強く持っていましたし、NPBに12しかない監督というポストのオファーですから、名誉なことです。

返事をしていないのに星野監督は知っていた

前向きな気持ちではいましたが、韓国には単身で来ていたので、これは一度日本に戻らないといけないかなとも思いましたが、なかなかそうもいきません。家族とは電話で話をしました。

こういうときは、情報が漏れないように細心の注意を払うのですが、どうやらすでに漏れていたようです。

当時、楽天でコーチをしていたある人から聞いたのですが、私がまだ正式に返事をしていない時期なのに、星野仙一監督がコーチングスタッフを集めて、「来年から、ロッテは伊東がやるらしい。あいつの下でやっているやつ、オレに遠慮することなく、呼ばれたら行けよ」と言ったのだそうです。この世界、「情報は力」は間違いないのですが、地獄耳だなあと思いました。

4～5日考えて、返事をしました。すぐに日本から球団社長らが駆けつけてくれました。そして、すぐに主要なコーチは大筋で決めました。

千葉ロッテマリーンズはファンも多く、大きな声援を送ってくれるチームだという印象はありましたが、日本のプロ野球からは離れていたのもあって、その時点でロッテがどのようなチームになっていたのか、まったく把握できていませんでした。

西武時代はずっと対戦していたのですべてがわかっていましたが、そのようにまったくわからない中で、見極めて、チームをつくっていくのも、自分にとってはいい経験にもなるし、いいんじゃないかと思っていました。

ロッテの練習内容に衝撃

そんな気持ちで臨んだ秋季キャンプ。言葉は悪いのですが、これがプロのチームか？と思うほど、練習のレベルが低かったことに衝撃を覚えました。

練習メニューは、前任スタッフが決めたものを踏襲してやっていたのですが、こういう野球もあるのか？　と思うぐらいでした。

私の感覚だと、秋の練習はシーズン後なので、極論すれば故障寸前まで追い込んでもいいと思っていました。だけど、そういう雰囲気がまったくない。体力を強化するような内容もありません。

バッティング練習を見ていても、土台ができていなくてフラフラ崩れているような選手もいました。

これはいったいどういうことなのか。どうやら、バレンタイン監督の時代から、練習の内容が変わったというのが真相でした。アメリカ式のやり方なのかは知りませんが、練習時間も短いし、基礎体力系の練習もしないし、走り込みも投げ込みもしない、させない。そういう指導方針が、文化として根付いてしまっていました。

これは計算外でした。それによって1、2年はいい結果が出るかもしれませんが、それは過去の練習の蓄積があってのこと。もともとの体格や体力に違いがある日本人プレーヤーは、プロ野球選手になってからもしっかり体づくりをしないと、トップレベルにまで達することができないのは、私たちにとっては常識です。

そういう事情が理解できていないと、「やらなくていい練習」という判断になるのでしょう。

そのため、根本から変えていくことにしました。基礎体力からです。午前中はバットもグラブもボールも一切持たない。もう陸上部かという感じで大体2時間ちょっと、たっぷり基礎体力強化に充てました。

午後からは「野球部」になりましたが、まず練習をする体力をつくることを意識して、サブグラウンドでもいろいろやっていました。

おそらく「西武の人が来て、やらされている」と感じた選手もいたのではないかと思います。でも、これを変わる機会だと思って取り組んでくれた選手は、ぐんぐん良くなって、現実に選手として長くプレーできています。

時代が変わろうとも、流行が変わろうとも、変わらない本質というものはあります。それは、まずきっちりと基礎体力をつけて、基礎の技術をそこに乗っける。そういう地道な作業がまずは必要です。そこがスタート地点。

自分で言うのもなんですが、そのあたりを見極める目は肥えていると思っています。この選手は軸がしっかりしている、基礎ができているから大丈夫。この選手は、見た目にはすごいようだけれど、体の芯に弱さがある。そういったものは見ていれば、すぐにわかります。

ファンからのブーイングに涙の喝

監督1年目のことでした。ロッテのファンは、他球団のファンと少し違うところがあって、不甲斐ない試合内容だと、ブーイングが飛んでくるんです。私はそういう経験がなかったので、最初は驚きました。

そしてそれ以上に驚いたのが、選手たちはそういうことがしょっちゅうあって、ブーイングを浴びることに慣れっこになってしまっていることでした。

それに対して、選手たちが反発して意地を見せられればそれが一番なんですが、どうもそういう雰囲気ではありません。「別にもういいや」と、投げやりな感じに見えて仕方がなかったのです。

ブーイングが浴びせられたその日、選手たちを集めました。

「プロ野球選手が、地元のファンにブーイングされるというのは最悪なことだよな。オレは悔しい。オレは現役のとき、そんなぶざまなプレーをしたこともないし、ブーイング受けたこともない。結果が出ないときもあるけれど、このように非難された経験はない。悔しくないのか！」

私は、自然と感情が表に出てきて、涙を流していました。

あとで聞いたことですが、その頃のロッテの選手たちは、勝利へのこだわりがあまりなかったといいます。勝っても負けても「まあいいや」。ヒットが1本、2本打てたらそれでよし。そういうタイプの選手が多かったと。

本当は、勝ちに飢えていなければいけないんですが、ロッテはそういうチームではなかったという話でした。

この涙が、この喝が、選手たちに響いたのかはわかりません。ただ、チームは上向いて、Aクラスを確保しました。

力を出し切って、みんなで勝っていこうという方向性に、少しはまとまっていったのではないかと思います。

ベンチからのサインで勉強していた田村

私がキャッチャーということもあり、思い出深いのは田村龍弘です。高卒新人1年目が、私の監督1年目と重なりました。私自身が高卒ルーキーから試合に出ていたことで縁があるのか、炭谷銀仁朗にせよ、田村にせよ、あまり多くない高卒新人捕手の試合出場を導いたことになりますね。

田村はいい意味でふてぶてしいところがあって、高卒なのに私にハッキリとものを言いました。たとえば「お前、ちょっともう代わろうか」と言ったら、「いや、あと1回行きますから」みたいな。そういうところは、何かほかの人が持っていないものを持っていました。

ただし、キャッチャーとしての基礎技術はまずまずあっても、まだAクラス争いの大事な試合での配球までは任せられない瞬間もあり、そういうときはバッテリーコーチの中村武志にベンチからサインを出す権限を与えていました。武志と私は感性が似ているとわかっていたので、任せていたのです。

大事なバッターを打ち取ったとき、武志に「今サイン出したのか」と聞くと、「はい、出しました」。そして田村に、「今のサインどう思った?」と聞くと、「僕なら絶対にそうは考えなかったです」と答えたりしていました。田村はしっかりとそういうところも勉強して成長していました。

ロッテでは5シーズン指揮を執りました。

1年目の2013年は、7月までは優勝争いに絡んでいましたが3位。クライマックスシリーズ（CS）は2位の西武を退けてファイナルまで進出しましたが、日本一になった星野監督率いる楽天に敗れました。

2年目の2014年は、開幕5連敗が最後まで尾を引き、最終的には借金10で4位に終わりました。本格的な世代交代の時期でもありました。

3年目の2015年は、再び3位に入り、CSは初戦で最多勝の大谷翔平を攻略するなど2位・日本ハムに勝利しましたが、ファイナルでは日本一になったソフトバンクに3連敗を喫しました。

4年目の2016年は、優勝争いをした日本ハムとソフトバンクからは水をあけられましたが、Aクラス3位はみたび確保。CSはソフトバンクに連敗しました。

最終年となった5年目の2017年は、シーズンを通じて投打ともに振るわず最下位に沈み、引責辞任しました。

優勝、日本シリーズ進出に導けなかったことは残念でしたが、在任中に鍛えてきた選手たちが、今なお元気に活躍してくれているのは、監督冥利に尽きることであり、私にとっての宝です。

名監督たちとの交流

西武とロッテで監督を務めている間、対戦相手の監督として数々の名監督に手合わせしてもらいました。

王さんは誰もが知る偉大な功績を残した方ですが、我々のような後輩にも温かく接してくれます。私の知る限り、王さんのことを悪く言う人はいないと思います。

オールスターゲームは、前年の優勝チームの監督が「全パの監督」に。2位、3位の監督が「全パのコーチ」になるという決まりがあります。

2005年のオールスターでは私が「監督」で、王さんと日本ハムのトレイ・ヒルマン監督が「コーチ」ということになりました。

とは言っても、王さんに試合前練習でノックを打たせるわけにはいかないですから、どっしりとしてもらえるように気を使いました。

その後、第2回WBCでは、私たちコーチ陣にも相談役として的確なアドバイスをしてくれました。正直なところ、私が子どもの頃からスーパースターだった雲の上の存在なのですが、本当に普通に接してくださるので不思議な感じもありました。

2005年の1シーズンだけでしたが、新生オリックス・バファローズの仰木彬監督との対戦もありました。

そのときには、試合中、ベンチにいなかったりすることもあり、肝心なところを見ていないんじゃないか……と思うことがありましたが、すでに病気が進行していて、休んでいる時間も多かったのだと、あとで知ることになります。

西武ドームから出るには長い階段を上らなくてはなりませんが、最後は機材搬出入口から出入りしたハイヤーがグラウンドまで入って送迎していました。

そのオフ、12月に亡くなったときは驚きました。

ふたつの球団を無理やり合併させて、「昨日の敵」がひとつのチームになるのは容易なことではなかったと思いますが、まさに身を削ってチームのために力を尽くしてくださったのだとあらためて思いました。

私がロッテの監督に就任した２０１３年から２シーズンは、楽天の監督だった星野仙一さんとも対戦しました。２０１３年は、田中将大が24勝０敗で楽天を日本一に導いた年でした。

翌年のオールスターは、星野さんが体調不良で休養していて、代行として大久保博元が出ていました。前年２位の西武からは田辺監督が「コーチ」として出ていましたが、星野さんから連絡があり、「大久保も田辺も荷が重いだろうから、前年３位だけど伊東がやってくれ」と、星野さんからオールスターの監督を任されました。

イベントなどで同席することもあって会話したこともありましたが、グラウンドで見せる「闘将」の姿とは違って、ものすごく紳士的な方でした。エンターテインメントとしてのプロ野球、ファンに楽しんでもらうために、自分が何をしたらいいのかをいつも考えている方でした。

何もできなかった中日ヘッドコーチの3年間

ロッテ監督を退任したあとすぐに、侍ジャパン強化委員会編成担当強化副本部長として、「2018侍ジャパン」の編成に携わったあと、NHKの解説者とスポーツニッポンの評論家として2018年シーズンを過ごしました。

現時点で、最後にNPBの現場にいたのが、2019年、2020年、2021年と、中日ドラゴンズの与田剛監督の下でヘッドコーチを務めた3年間です。

自己評価を先にしてしまうと、自分の経歴の中で、一番何もできなかった3年間であり、強くなりたいと思っていた選手たちにも、期待してくれたファンのみなさんにも申し訳なく思っています。

与田監督とは第2回WBCのコーチングスタッフとして一緒に戦った縁から、声をかけてもらいました。

ヘッドコーチの役割は、自分が監督として支えてもらったこともあり、また監督を支えたこともあり、よくわかっているつもりでした。

しかし、想定外だったことも多々あり、機能不全になってしまった部分が多々あったように思います。

難しかった事情があるのは確かです。それはコロナ禍における、メディア事情です。プロ野球関係者にとって情報は力です。もちろん、どうでもいい情報や、ライバルを混乱させる偽情報もたくさんありますが、それでもスポーツ新聞の監督コメント、関係者のコメントは誰もが注目しています。

野村監督や星野監督などは、自分のコメントのニュース価値をよくわかっていて、そのコメントによって選手たちを発奮させたり、士気を向上させたりすることが多々ありました。

ところがコロナ禍では、自由な取材が規制されてしまいました。従来であれば、グラウンドや会見場などで記者が自由にコメントを取れたのですが、規制期間は、監督への取材のみ、各社代表1名のみといった取材形態になったのです。

従来であれば、「担当コーチに任せてあるので、それはコーチに聞いてください」で済んだことが、監督としてなんらかのコメントを出さなければならなくなりました。その影響もあって、コーチ陣との溝ができてしまった部分がありました。これはある意味では、「コロナでさえなければ」といったことでした。

首脳陣に重要なのはコミュニケーション

トップがメッセージを発信するとき、ぜひやったほうがいいことと、やめておいたほうがいいことがあります。

やることによって組織が潤滑に回るのは、「手柄は部下のおかげであり、失敗の責任は自分にある」というメッセージです。

逆にやらないほうがいい情報発信は、「手柄は自分のもので、失敗は部下の責任」とするものです。それがたとえ事実であったとしても、言い方にはよっぽど気をつける必要がありますし、必要がないのであれば言わないほうがいい。もちろん、事実誤認の可能性が少しでもあるなら、「わからない」としておくべきです。

そして、もしこれに類する情報発信をして、部下に不信を持たれてしまったなら、言葉を尽くして説明して、納得してもらわなければなりません。

コーチングスタッフが一枚岩の団結をキープするのに最も大切なのはコミュニケーションです。極論すれば、コーチ会議では意見の違いがあって、言い争いになってもいいんです。言い争いになった双方の意見を聞いて、監督が自分の考えを決めれば、それで論争は終結。あとは監督の指示のもと、まとまっていけばいいだけのこと。

あるいは、どうしても監督の決断に我慢がならないのであれば、そのときはもう続けられないと辞めるしかありません。

しかし、トップとのコミュニケーションが成立しないと、下の者は迷うことになってしまいます。

与田監督を支えなくてはならないヘッドコーチの私が、機能しなくなってしまった原因は、そこにありました。

3年間の成績は5位、3位、5位。私としては成績うんぬん以前の問題として、ヘッドコーチの仕事ができなかったことが残念でした。

メジャーの解説をしていて思うこと

メジャーリーグの試合は、西武の監督を辞めて解説者としてNHKから声を掛けていただいた2008年から見るようになりました。

中日のコーチが終わって、ありがたいことに、また2022年からはNHKでMLB中継を担当しています。桁違いのプレーヤー大谷翔平のおかげで、MLB中継への関心は高まる一方です。

MLB中継は、深夜から早朝にかけて、2時半とかから放送開始したりするので、なかなかハードですが、楽しみにされている方も多いので、やりがいはあります。

この章の最後に、MLBとNPBを見ていて思うことを述べていこうと思います。

よく1990年代後半から現在までの間で、MLBとNPBの収益格差が広がったという話題が出ます。

実際のところは野球だけの話ではなく、経済全般の格差が広がったというのが背景にあるのだと思います。給料も、物価も、日米ではずいぶんと差がついてしまったようです。

ただ、プロ野球というビジネスに限っても、やはりＭＬＢと日本のＮＰＢとではいろいろと違いがありました。

ひとつは国際化です。ＷＢＣという国際大会が象徴的ですよね。ＭＬＢが主導して国際大会をつくったことによって、強豪国はもちろん、それほど野球の人気が高くない国でもＭＬＢへの関心を高めました。

実際、ＭＬＢの各チームは、ドミニカ、ベネズエラ、メキシコといった中南米勢と日本人選手がチームの主軸にいます。だから、ＷＢＣでも力量差はそれほど大きくありません。大会は盛り上がり、各国の野球ファンはＭＬＢで活躍する選手たちに注目もします。国際化による市場拡大策は見事に成功したと言えます。

もうひとつ感じるのは、マイナー球団のあり方の違いです。これはむしろ近年の取り組みというより、アメリカにおけるプロ野球の伝統、その底力とでも言うべきものでしょうか。

日本の場合は、各球団が二軍（球団によっては三軍以下もあるようですが）を抱える形ですが、アメリカではマイナー球団を抱える「直営スタイル」はごく少数。大半は、独立採算です。もっとも選手たちはMLB球団と契約をしているので、選手の給料はMLB球団から出ていますが、その他一切はマイナー各球団の努力によって運営されています。

それを支えているのが、ホームタウンの野球ファン。マイナーといえども、明日のメジャーリーガーを夢見て奮闘する選手たちを地元のファンが応援する姿があります。

MLBに所属するのは30球団。マイナーリーグは、4つのクラスで120球団。MLBは、市場をインターナショナルに拡大させ、放映権料などを伸ばしたことで、収益が爆発的に増えました。でも、そのベースにあるのは、このマイナーリーグの裾野の広さと、競争に勝った者がのし上がっていくシステムにあると思います。

日本の場合は、高校野球や大学・社会人野球が一部その役割を担っていますが、国際化という面では置き去りにされた感があります。

リーグ運営と球団間格差

それとＭＬＢには収益力のある球団から、ない球団へと分配金を渡すルールがあります。かなり複雑な制度ですが、地域間の人口格差などによって「お金持ち球団」と「そうでない球団」が出てしまうのはしかたないことですが、リーグが間に入って不公平がないようにしています。

私の現役時代は、セ・リーグとパ・リーグとでは人気に非常に大きな差がある時期でした。西武ライオンズが黄金時代を築けたのも、不人気のため、お金をかけない、かけられない球団が多い中、西武が新たに参入してきて資本を投下したからというのは明らかにあったと思います。

２００４年の球界再編騒動を経て、日本のプロ野球界も大きく変わりましたが、基本的には各球団の自由競争という部分は変わりなく、リーグが主導して、地域格差や収益構造格差に介入するということは行われていません。

ＭＬＢのような分配制度がなくてもうまくいっているという見方もできますし、ＭＬＢほど飛び抜けて収益性の高い球団があるわけでもないという考え方もあるでしょう。実際、勝率と収益力の関連がそれほど強いということもありませんし、各球団の収益力の格差も、ＭＬＢほど大きくはないと思われます。

ただ、各球団でファームの運営も含めてやっていくとなると、やれる内容が球団によって違っているのは感じます。

近年の育成ドラフトでは、他球団が指名を終えても、ソフトバンクと巨人がずっと指名を続ける光景が当たり前になっています。育成選手の給料は安いとはいえ、それを受け入れるだけの体制がある球団は限られるのでしょう。

社会人のチームが減ったので、その受け皿として、できるところがやってくれているのが実情でしょうが、格差の表れではあります。

ＭＬＢとの実力差

ＷＢＣで日本が世界一になったことでもわかるように、ＭＬＢとの実力差は縮まっていると思います。

特に国別という考え方であれば、今はもう「ＭＬＢ＝アメリカ」というのは当てはまらなくて、ドミニカ、プエルトリコ、ベネズエラ、メキシコなど中南米の選手がいないと成り立たないと言えるほどです。もちろん大谷翔平というトップ選手を出した日本も欠かせない国です。

プレーの質としても大きな差を感じません。あえて言えば、内野手が見せるスーパープレーでしょうか。セカンドやショートが、左方向への打球に追いついてジャンピングスローで一塁に送球するとか、ダイビングキャッチをしたあと、立ち上がらずに送球するとか、そういうプレーに日米の差を感じます。

ただこれも、体格や体力の差ということではないのかもしれません。現実に大谷翔平という選手が現れた今、体力や体格もクリアできる問題です。むしろ、日本ではそういう独創的なプレーは重視されず、基本に忠実な確実なプレーが良しとされていました。価値観が変わってくれば、日本人プレーヤーもできることだと思います。

ただ、大谷が「特別すぎる」のは事実ですね。あんな選手がどんどん出てくるはずがないとは思います。

ただ「ゼロ」だった時代は「あり得ない」としか言えませんでしたが、現実に「ひとり」存在したあとでは、いつかまた大谷のような選手が現れるだろうと言えるようになりました。これはとても大きいことだと思います。

以前は、日本に来る外国人選手は、メジャーの枠から漏れた選手、落ちてしまった選手が主でした。もちろん現在もそういう選手もいますが、むしろ、これからメジャーに上昇したいという選手がステップアップする場として日本のプロ野球が考えられるようになってきました。

メジャー未経験の選手、あるいはほんの少しだけメジャー経験はあるけれど、定着はできなかったという若い選手が日本で結果を出し、ＭＬＢで大活躍するケースが非常に多くなりました。

ひとつには、先ほども触れたように、中南米の選手たちが「世界進出」していることがあるでしょう。彼らにとってNPBは、MLBの次にハイグレードなステージです。ちょうどいいレベルで経験が積めるというのもあるでしょうが、日本野球のコーチングや教育の部分、あるいは配球やその読みといったソフトウェアの部分が優れているという証明だと思います。

以前、広島がドミニカでカープアカデミーを開校して成果をあげたこともあったように、他国と比べると、日本には選手の実力を引き上げるノウハウがあると言っていいのでしょう。

今後はMLBを目指す日本人選手も増えるでしょうし、NPBを目指す外国人選手も増えるでしょう。国際化のあり方も変わっていくと思います。

なぜ日本のピッチャーの球速がアップしたか

日米の差が最も小さいのは、ピッチャーだとは言えるでしょう。

もともと日本ではきれいなフォーシームを投げる技術が優れていました。歩幅を大きく取って、下半身の粘りを使って、全身の力を縫い目にかかった指先に乗せる投げ方を練習します。基本的にこの真っすぐを軸にしたピッチングが世界でも通用するということなのでしょう。

特に最近、日本人投手のスピードが上がってきているのを感じます。150キロは当たり前、逆にマックスが140キロ台だと「速くない」と言われるほどです。

なぜ速い球を投げられるようになったか。これはいろいろな原因が複層的に重なった結果でしょう。

大きいのは「情報」ではないでしょうか。食生活、トレーニング方法、休息やケアの方法など、科学的な根拠のある情報が広まったのがあります。体のつくりもだいぶ変わってきたと思います。

日本からMLBに行く選手が増えて、本場アメリカの最新情報がすごく取りやすくなってきたのは大きいと思います。

しかも、昔のプロ野球界だとどんな些細《ささい》なことでも自分が有利になる情報なら「企業秘密」として隠したものですが、今はみんなオープンです。いや、本当に情報というものは手に入らなかったのです。

ところが、今はネットで調べれば、たいていの情報にアクセスできます。

自分はこういうトレーニングをしているとか、この変化球を投げるときはこういう握りをしていると、選手たちが普通に発信する時代になりました。しかも動画まであって、本当にわかりやすい。

小さいときから、そういうわかりやすい情報を得た上で練習を重ねているので、できることが増えるし、上達も早い。

昔は指導者の言うことが絶対ですから、それ以外の情報は不要だったですし、そもそも役立つ情報自体があまりありませんでした。

他人に頼らず、個人的にさまざまなことが学べる時代になったという部分はありますよね。

逆に言うと、指導者はやりづらい時代です。

日本の2番打者像は常識とともに変わっていく

ＭＬＢでは、２番の打順に強打者を置くのが通例になっていますが、ＮＰＢの場合は、2番に強打者を置くケースと、バントや右打ちがうまい「小技系」の打者を置くケースの両方が見られます。傾向としては、強打者を置くケースが少しずつ増えているでしょうか。

計算上、打順がたくさん回る1番打者や2番打者に、たとえ小技ができるからといって打撃の劣る打者を置くのは割に合わないとはじき出されるのですが、おそらくＮＰＢでの実際の得点力を集計すると、その計算どおりの答えにならないということが普通にあり得るはずです。

なぜかというと、ＭＬＢとＮＰＢとでは打者の飛距離や打球速度が違いすぎるというのがあります。そのため、価値観が違ってきます。ＭＬＢでは犠打の1アウトがもったいない。ＮＰＢではフライアウトで進塁できないのがもったいない、あるいは併殺がもったいない。

NPBでは1点が重いので、走者が二塁にいることで投手が重圧を感じて、あるいは投球のリズムが変わって、投げミスをしやすくなるというのもあります。

そのため、常識的に考えれば大量点ではなく、1点を取りにいくつもりで選択した無死一塁での送りバントが、結果的に大量点に結び付くということが意外とあります。

こうなってくると、計算上とか理論上といったものではなく、心理的影響という目に見えないものになるため、証明が難しくなります。

しかし、野球が「心理スポーツ」だというのは、選手としても監督としても実際にやっていた身からすれば実感できるものであり、そうなると「信じていること」が起きやすくなったりもします。

たとえそれが「迷信」であろうとも、そう思い込んでいることによって迷いがなくなり、成功率が高くなれば、それが正解になることもあります。

だから「MLBの常識」が「NPBの非常識」になることは、ごく普通にあることなのです。

そういう意味では、今の子どもたちは大谷翔平とドジャースを見て育っています。当然、憧れる野球も、信じる野球も私たちの子どもの頃とは変わってきます。そうすると、きっとＮＰＢの常識も大きく変わっていくのだと思います。

おわりに

冒頭で紹介した、初の試み「西武ライオンズOB戦」は、とても晴れがましい舞台で、集まったOBたちの笑顔がはじけました。

ビデオメッセージを寄せてくれた松井稼頭央監督への激励の声も多く聞こえて、2024年シーズンに、ファンもOBも期待をしました。

しかし、チームは春先から低迷し、松井監督は早々に休養となり、あとを受けた渡辺久信GM兼監督代行もチームを浮上させることができず、さまざまな球団史上ワースト記録を塗り替える49勝91敗3分け（いわゆる借金が42）、勝率・350、優勝したソフトバンクと42ゲーム差（ちょうど貯金が42でした）、5位オリックスと14ゲーム差という惨憺《さんたん》たる成績で最下位に沈みました。

総失点の485は、貯金15の2位でシーズンを終えた日本ハムとまったく同じですが、総得点350は、首位ソフトバンク(607)の58%、5位オリックス(402)と比べても87%と、1割以上の開きがあります。

主力選手がFAなどで抜けても、それを埋める選手が出てくるのが西武ライオンズの伝統でしたが、世代交代の過渡期にあって、一時代を築いてきた野手たちの後継が育っていなかった、育てていなかったと言えるでしょう。

昔とは違って、ドラフト制度も極端な不公平はなくなっていますから、将来を見据えた戦略的な編成ができていなかったのも結果が物語っています。

2025年シーズンから指揮を執ることになった西口文也監督には、現役時代の投球と同じように、大胆かつ丁寧に、コツコツとチームづくりをしていってほしいと願っています。私たちOBも役に立てることがあれば、喜んで協力します。

球団も、あまり結果だけで性急に判断するのではなく、しっかりと物心ともにバックアップしてほしいと思います。

ベルーナドーム周辺はとても充実して、ファンが楽しめるように工夫しているのはよく伝わってきました。

しかし、最大のファンサービスはチームを強くすることです。チームが強くなれば観客も増えますし、設備の良さへの満足度もより高まります。投資先の優先順位を間違わないようにと願います。


ふと12球団の監督を見渡すと、原辰徳さんや岡田彰布さんといった先輩たちもグラウンドを去り、後輩ばかりになっています。いつの世の中でも、世代交代の波というのはあるのかもしれません。

その一方で、専門職ともいえるコーチとしては、大勢の先輩たちがまだまだ活躍しています。ファームの現場で体を鍛えて基礎的な技術を身につける助けになっている人。一軍の舞台で、経験を生かして後進に当意即妙のアドバイスをしたり、練習ドリルを教えたりしている人。

それぞれに日本プロ野球界にとって、なくてはならない人材だと思います。

本編にも記したとおり、中日ドラゴンズではなんの役にも立てなかったことを悔しく思っています。このままでは終われないという気持ちも湧いてきます。

私が人生をかけて取り組んできた野球が、これからも国民的な人気を誇るスポーツであり続けられるように、少しでも貢献できたらという思いは日に日に募ります。

今、ＮＨＫでの野球解説、評論や講演の、そしてＹｏｕＴｕｂｅ『伊東勤の１１０チャンネル』といった分野で、自分にできることを精一杯やる日々です。情報の鮮度はいつでも保つことができています。

しっかりと勉強を続け、いつかまた勝負の世界に身を置けるように、怠りなく準備をしておきます。

２０２４年12月

伊東　勤

伊東 勤（いとう　つとむ）

1962年8月生まれ。熊本県出身。1981年ドラフト1位で西武ライオンズに入団。

強肩・強打・俊足の捕手として14度のリーグ優勝、8度の日本一を経験し、西武ライオンズ黄金時代の司令塔として活躍。2004年〜2007年は西武監督を務め、就任1年目に日本一と正力賞を獲得。2009年には総合コーチとしてWBC日本代表の連覇に貢献。2013年〜2017年千葉ロッテマリーンズ監督、2019年〜2021年まで中日ドラゴンズヘッドコーチを歴任。

写真：プリプロダクション

黄金時代のつくり方

あの頃の西武はなぜ強かったのか

2025年2月25日　初版発行

著者　伊東　勤

発行者　髙橋明男
発行所　株式会社ワニブックス
〒150-8482
東京都渋谷区恵比寿4-4-9えびす大黒ビル
ワニブックスHP　http://www.wani.co.jp/
（お問い合わせはメールで受け付けております。
HPより「お問い合わせ」へお進みください）
※内容によりましてはお答えできない場合がございます

装丁　小口翔平＋村上佑佳（tobufune）
フォーマット　橘田浩志（アティック）
編集協力　菅野　徹
校正　東京出版サービスセンター
企画協力　株式会社プリプロダクション
編集　大井隆義（ワニブックス）

印刷所　TOPPANクロレ株式会社
DTP　株式会社 三協美術
製本所　ナショナル製本

ISBN 978-4-8470-6713-6
WANI BOOKOUT　http://www.wanibookout.com/
WANI BOOKS NewsCrunch　https://wanibooks-newscrunch.com/